はじめに

ホームインスペクターという私の仕事は、家を建てようと思い立った方から相談を受けることから始まります。

昔は情報が限られていましたから、家づくりは、テレビCMを見て、

「〇〇ハウスがいいんじゃない？」

「だね、〇〇ハウスなら安心だ」

こんなノリで意中のメーカーを決め、近くのモデルハウスを訪れ「ハイ、契約します。あとは任せましたよ」的な感じの人も多かったように思います。

しかし、昔と違って今はインターネットの時代。その気になれば相当な情報が簡単に手に入りますから、自然と「こだわり」や「疑問」が生まれます。そうなると、私のところへ相談こやって来る人たちの目線も昔とは違います。

「〇〇ハウスと△△ホームの家づくりはここが違うと思いますが、具体的にどういうメデメリットがありますか？」

「断熱と気密はどのメーカーがいいんでしょうか？」

「全館空調を考えているんですが、このぐらいの家だとどうなんでしょうか？」

ある程度の知識があるので、相談がより具体的になってきているんです。

そこで、まず1章で、これから家を建てようという方からよく頂く質問をピックアップして、それにお答えしようと思います。

そして2章では、すでに私がインスペクションさせて頂きながら、ハウスメーカーで家を建てた方々の実例を紹介します。

実例に勝る比較材料・学びのための参考資料はありません。そこで、建主さんへのアンケート、インスペクションの現場写真、そこで感じたことなどを正直に掲載することにしました。大いに参考になるはずです。

さらに3章の袋とじには、大手ハウスメーカー13社（積水ハウスは木造と鉄骨に分別）の実力評価を、これまでの拙著よりもより具体的に掲載しました。

耐震性、断熱性能、設計自由度・インテリア提案、施工力・管理体制、保証・アフター体制など、皆さんが気になるであろう項目ごとに、各メーカーの実力がいかなるものであるか、一般社団法人「住まいと土地の総合相談センター」の2500棟超に及ぶインスペクション経験、そして建主さんからの声なども参考に、誠実に書かせて頂きましたので、こちらも大いに参考にして頂けると自負しています。

皆さんが、おそらくは一生に一度、懸命に働いて貯めた大金（ローンももちろん含みます

CONTENTS 目次

大手13社実力評価+実例11棟！
「論より証拠！」のハウスメーカー選び

が）をつぎ込むのが家づくりです。その結果、完成した家では、ご家族を含めた皆さんの人生の幸福が育まれていく、いや、いかなければならないはずです。

そんな大切な家づくりを安易に考えたくない。きっと皆さんは、そう思って本書を手にとっていただいたと思います。

その期待に精一杯応えることをお約束し、本書の幕開きとしたいと思います。

2021年2月　緊急事態宣言中の東京にて

市村　崇

Chapter 2

論より証拠！「実際に建てた人の家づくり実例11」

――施主の声と現場検査でわかった、大手ハウスメーカーの実態！

袋とじ!

Chapter 3

大手13社!ハウスメーカー実力本音評価!!

数々の現場インスペクションからわかった大手13社の家づくりを重要項目別に評価。HPやパンフレットでは決してわからない各社の強みと弱点が★評価で丸わかり!

◉積水ハウス(鉄骨&木造)
◉ダイワハウス
◉旭化成ホームズ(へーベルハウス)
◉パナソニックホームズ
◉三井ホーム
◉一条工務店
◉住友不動産

◉三菱地所ホーム
◉住友林業
◉スウェーデンハウス
◉ミサワホーム
◉セキスイハイム(鉄骨&木造)
◉トヨタホーム

Chapter 1

これから家を建てる方たちからのよくある質問

――「これってどうなの？」に答えます

Q1 耐震性が重要だと思っています。耐震等級3であれば問題ないのでしょうか？ また、木造と鉄骨造では、どちらが耐震性に優れていますか？

A 耐震等級だけで耐震性を判断するのは危険です。構造的には、大手ハウスメーカーの住宅レベルなら木造も鉄骨も変わらないと言っていいです。

耐震等級に関しては、最上位の等級が3ですから、問題ないと言っていいと思います。ただし、耐震等級が大事なのは、自分たちの生命・財産を守っていきたいから、ということだと思いますが、住宅の安全性能は耐震性能のみでは測れません。

例えば、火災とその際の避難への配慮、また、防犯面や健康被害への配慮も安全性能に大きく関わってきます。要は、あくまでも「耐震性能は、安全に暮らしていくための一つのファクター」であり、一部の性能だけをもって住宅性能を判断しないことが大切です。

さらに、耐震等級が最上位だからといって、実際の家が安全かどうかは別の話です。例えば、地盤判定。建築地に軟弱地盤などネガティブな要素があるなら、正しく地盤補強を施すことが重要で、これは理解している人も多いと思います。

それにも増して重要なのに、より重視している方が少ないのは、いくら机上の計算で耐震等級3となっていても、「図面通りに正しく施工する」ことができなければ本末転倒になってしまうという単純な理屈です。

写真Aは、インスペクションで発覚した構造用金物のナット締め忘れです。構造上、重要な役割である金物ですが、締まっていないのでは耐震等級が上位でも意味がない。施工ミスや杜撰《ずさん》な工事によって、図面上の耐震性が台無しになるのを避けることがとても重要なのです。

なお、勘違いしている人も多いのですが、建築基準法で定められている耐震性はあくまでも「最低限の基準」です。稀に起きるとされる大地震時に「建物が壊れないようにする」設計・施工基準ではなく、「建物は大掛かりな修繕が必要になるかもしれないが、住人の生命は守る」ということを前提にした基準なので、お間違えなく（免震基礎など特殊な構造では、また違う解釈が必要になります）。

「木造、鉄骨の違いによる耐震性能の優位性はあるか?」に関しては、2〜3階建の低層住宅では、よほどアクロバティックな設計（極端に平面計画が不整形とか、スキップフロアで床がつながっている箇所が少ないなど）でないかぎり、大きな違いはないと言えます。

それよりも耐震性を左右するのは、地盤調査の結果と判定、地盤補強や地盤改良、建物全体の現場施工品質などです。つまり、環境条件や施工の良し悪しによって計算通りの機能や性能が期待できない場合が出てくるということ。

「家づくりは理論より実践が大事」。このことは、何度言っても言い足りないほど大事なことですから、頭に入れておいて下さい。

Q2 「耐震等級3相当」という表記をよく見ます。これって何ですか？

A うーん、会社によって表現と事実が異なる場合がありますね。

耐震等級は、2001年に施行された「品確法（住宅の品質確保の促進等に関する法律）」で設定されたものです。それまでは住宅性能の評価が曖昧だった時代が長く続き、消費者がどの程度の性能の家が建つのかわからないまま契約することが多く、ゆえに問題が多く発生していました。そこで住宅の性能を可視化し、トラブルや解釈齟齬《そご》を未然に防ごうということで、住宅性能表示をすることになったのです（防げているかは疑問ですが）。皆さんも耳にしたことがあるかもしれませんが、「長期優良住宅」というのも住宅性能の一つです。

耐震等級に関しては、国土交通省が定めている次

1. 構造の安定に関すること

住宅は、地震、暴風、積雪などの様々な力の影響を受けます。これらの力の影響が大きくなると、次第に傷を受けたり、最後には壊れたりして、財産としての価値を失ったり、居住者の生命が脅かされたりすることがあります。

ここでは、柱や梁、主要な壁、基礎などの構造躯体の強さを評価し、地震、暴風、積雪の3種類の力の作用がどの程度大きくなるまで、傷を受けたり壊れたりしないかを、等級により表示する、あるいは免震住宅であることを表示することとしています。また、これらと併せて、構造躯体の強さを十分に発揮するための前提となる基礎や地盤に関する情報を表示することとしています。

■1-1 耐震等級（構造躯体の倒壊等防止）

■1-2 耐震等級（構造躯体の損傷防止）

項	目	結果		適用範囲
1. 構造の安定に関すること	1-1 耐震等級（構造躯体の倒壊等防止）	地震に対する構造躯体の倒壊、崩壊等のしにくさ		戸建又は共同
		3	極めて稀に（数百年に一度程度）発生する地震による力（建築基準法施行令第88条第3項に定めるもの）の1.5倍の力に対して倒壊、崩壊等しない程度	
		2	極めて稀に（数百年に一度程度）発生する地震による力（建築基準法施行令第88条第3項に定めるもの）の1.25倍の力に対して倒壊、崩壊等しない程度	
		1	極めて稀に（数百年に一度程度）発生する地震による力（建築基準法施行令第88条第3項に定めるもの）に対して倒壊、崩壊等しない程度	
	1-2 耐震等級（構造躯体の損傷防止）	地震に対する構造躯体の損傷（大規模な修復工事を要する程度の著しい損傷）の生じにくさ		戸建又は共同
		3	稀に（数十年に一度程度）発生する地震による力（建築基準法施行令第88条第2項に定めるもの）の1.5倍の力に対して損傷を生じない程度	
		2	稀に（数十年に一度程度）発生する地震による力（建築基準法施行令第88条第2項に定めるもの）の1.25倍の力に対して損傷を生じない程度	
		1	稀に（数十年に一度程度）発生する地震による力（建築基準法施行令第88条第2項に定めるもの）に対して損傷を生じない程度	
	1-3 その他（地震に対する構造躯体の倒壊等防止及び損傷防止）	評価対象建築物が免震建築物であるか否か		戸建又は共同
		□免震建築物　□その他		
	1-4 耐風等級	暴風に対する構造躯体の倒壊、崩壊等のしにくさ及び構造躯体の損傷（大規模な修復工事を要する程度		戸建又は共同

国交省 HP より

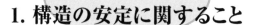

のような基準があります。

簡単に言えば、阪神淡路や東日本大震災を想定し、その規模の地震があっても建物が倒壊せずに損傷で済む（一部修理をすればその後も住み続けることができる）のを目標に、耐震等級を設定、建築基準法の耐震性能の1・5倍を「耐震等級3」と呼び、これが「最上位レベル」ということです。

質問の「耐震等級3相当」ですが、これは「耐震等級3とは言い切れない」ということで、大きく分けると2つの解釈をしている会社があります。

一つ目は「正しく計算して等級3はあるけれど、申請はしていない」というパターンです。等級取得は性能表示の申請を出さなければならないため、計算上のスペックは満たしているけど、明確には謳えないということですね。

2つ目は「甘い計算しかしていないけど言い切っちゃおう」という、ちょっと危険なパターンです。そもそも木造2階建て住宅は詳細な構造計算はせず、設計者判断で安全性を確認すればよいと理解している設計者が多いため、「基準法の1・5倍くらい強い」と独自の解釈をして、それを「耐震等級3相当」とアピールしている会社もあります。

とんでもない話ですが、おおもとの建築基準法が甘すぎる法律な上、行政は責任を取らない形になっていますから、バカげた話がまかり通ってしまっているのが実情です。

ですから、単に「自分の家は、耐震等級3（もしくは相当）なんだな」ではなく、「耐震等級とは何で、どのような計算でそうなっているのか？」の原理原則ぐらいの説明はきちんとしてもらうように要望してください。

Q3 鉄骨メーカー営業の人に、「うちの会社では地震対応が耐震から『制震』に変わった歴史があります。耐震を売りにしている木造ハウスメーカーはやめたほうがいい」と言われました。実際のところどうなんでしょうか?

A その営業さん、言っていることが少し違っています。

まず考え方として、耐震は耐震でやはり重要。そして、＋αで「制震」ということになります。わかりやすいようにイメージで説明しますが、耐震は構造体を硬く頑丈につくることで、揺れに耐えて倒壊を防ぎます。基本、構造は強くつくれば（部材を大きくする、接合部材を強いものにするなど）つくるほど、耐震性は高くなります。

ただし、剛性（硬さ）と靭《じん》性（粘り強さ）のバランスが大事で、靭性に偏った建物であれば、小さな地震でも建物が大きく揺れてしまい、建物内部の被害は甚大なものになりますし、剛性に偏っても脆《もろ》くなってしまうことがあり得ます。

そこで、最近では繰り返し発生する地震を考慮し、構造躯体のある部分に「制震ダンパー（車で言えばサスペンションのようなもの)」を設置することで、地震エネルギーを吸収し、構造躯体に大きな負荷をかけないようにしようという考えが出てきました。

しかし、それ以前に耐震をしっかりしておかないと、いくら制震装置を設置しても期待した働きをしないまま倒壊してしまう可能性があります。

ですから、制震部材を採用するメーカーが「耐震だけのメーカーは地震に弱いのでやめたほうがいい」というのは極論、いや「論点すり替えのネガティブトーク」で、制震採用メーカーがそうでないメーカーに勝るとは言えません。

なお、大きな地震が発生した場合には、耐震でも制震でも何かしらの修繕は必要になることを想定した設計になっていることも覚えておいて下さい。

Q4 鉄骨メーカーが謳っている「ZEH（ゼッチ）」に興味があります。ZEHであれば、鉄骨造でも断熱性能は高いんですよね？

A そんなことはありません。

ＺＥＨとは「ネット・ゼロ・エネルギー・ハウス」のことで、簡単に言えば「省エネ住宅」です。

何が省エネかというと、「その家で使う年間のエネルギー（電気代）が正味ゼロになる」ということな

ZEHの省エネイメージ

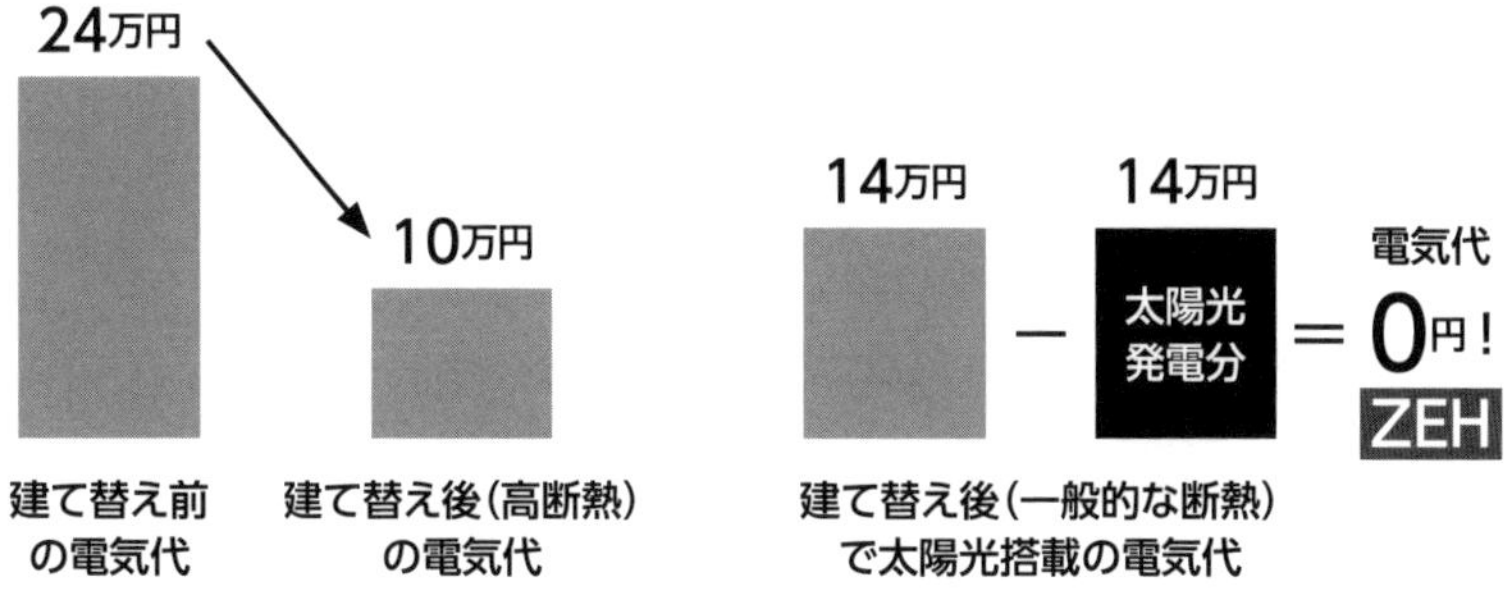

のですが、質問のように少し誤解している方もいます。

正味ゼロとは「太陽光発電などで削減できる電気代を、元々のそれから差し引くとゼロになる」ということで、例えば、現在居住している家の電気代が年間24万円だとすると、図のように、普通は以前より断熱性能が高い家に住み替えますから、冷暖房の電気代が安くなります。一方、ＺＥＨはそれとは別に創造エネルギーに着目することで、ゼロにするという考えです。

ですから、ＺＥＨは断熱性能が高いから省エネになっているわけではない（もちろん、低いわけでもないですが）ということです。

現在、国が推し進める住宅の基軸は「高耐震」「省エネ」で、各ハウスメーカー（工務店なども含む）は、これらをウリに営業展開しています。「耐震等級３」とか「阪神淡路大震災級の耐震実験を○回耐えた」などは、消費者にわかりやすいのです。

一方、省エネに関しては「断熱性、気密性」でアピールするか「ＺＥＨ」で展開していくかに大別でき、断熱気密に有利な木質系のハウスメーカーは断熱性能（数値）、鉄骨系はＺＥＨ（電気代節約）でアピールしていく流れが主流です。

Q5 鉄骨メーカーの営業に「木造は経年劣化するから、ゆくゆく断熱材に隙間ができます。数値（UA値など）がいいのは建てた時だけで、何年か経つと鉄骨のほうが断熱性能は高いです」と説明を受けましたが、本当ですか？

A 部分的には合っていますが、それを鵜呑みにしないほうがいいですね。

まず「断熱材の種類は何か？」ということを無視した説明なので、乱暴な営業トークだなぁ……という印象です（笑）。現在、主流の断熱材は「繊維系」「ボード状」「吹付」に大別されますが、大手のメーカーは「繊維系」か「ボード状」が大半なので、そちらで説明します。

木造住宅は、確かに経年によって木が痩せる（乾燥収縮が発生する）ため、鉄骨メーカーの営業トークが正しいと思う人もいるかもしれませんが、実際にどのくらいの寸法が縮むかという話からしておきます。

木材の乾燥収縮割合は方向によって違っていて、接線方向：半径方向：繊維方向＝20：10：1程度といわれています。ですから樹種はもちろん、製材の方向によっても変形量が変わりますから、ひとくくりには断言できません。なお集成材などは、この方向が異なる木材を集めて製材加工することで、材変形を抑えているわけです。

木材の収縮量で言えば、接線方向が5〜10%・半径方向が2〜5%・繊維方向が0・1〜0・3%とされ、繊維方向は、ほとんど乾燥収縮による狂いが生じないことがわかります。

関連業界の資料では、きちんと含水率管理を実施した乾燥木材であれば、2〜4%の収縮率程度とい

繊維系断熱材

ボード状断熱材

木材の方向イメージ図

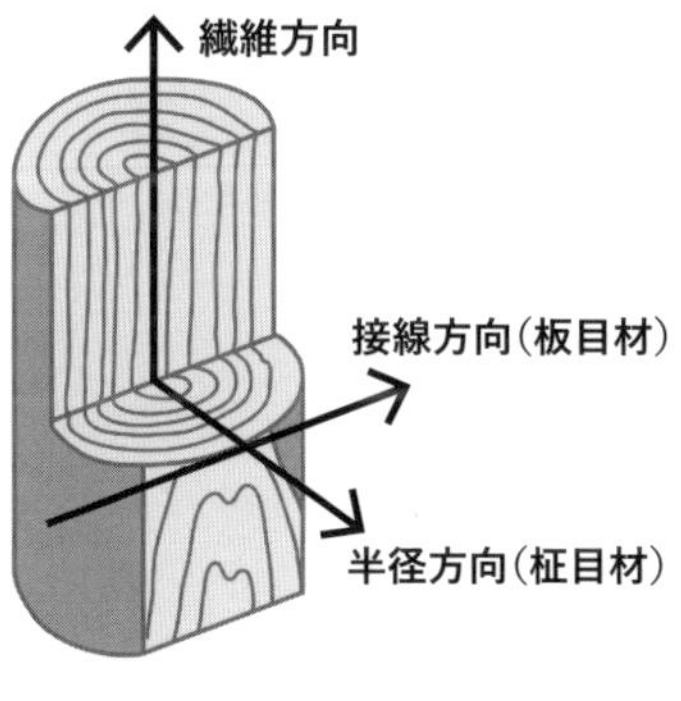

うことです。含水率をどの程度まで落として乾燥収縮をさせた後、出荷したかにもよりますが、仮に建築後に2％収縮するとすれば、経年劣化後に発生する隙間は計算できます。

写真Eはツーバイフォー住宅の現場ですが、見えている木材の幅は38㎜です。これに2％を乗じると「0・76㎜」ですから、大きな影響は生じないとも言えます。

断熱工事では、写真Fように断熱材を充填していきます。繊維系断熱材の中は、綿のようになってい

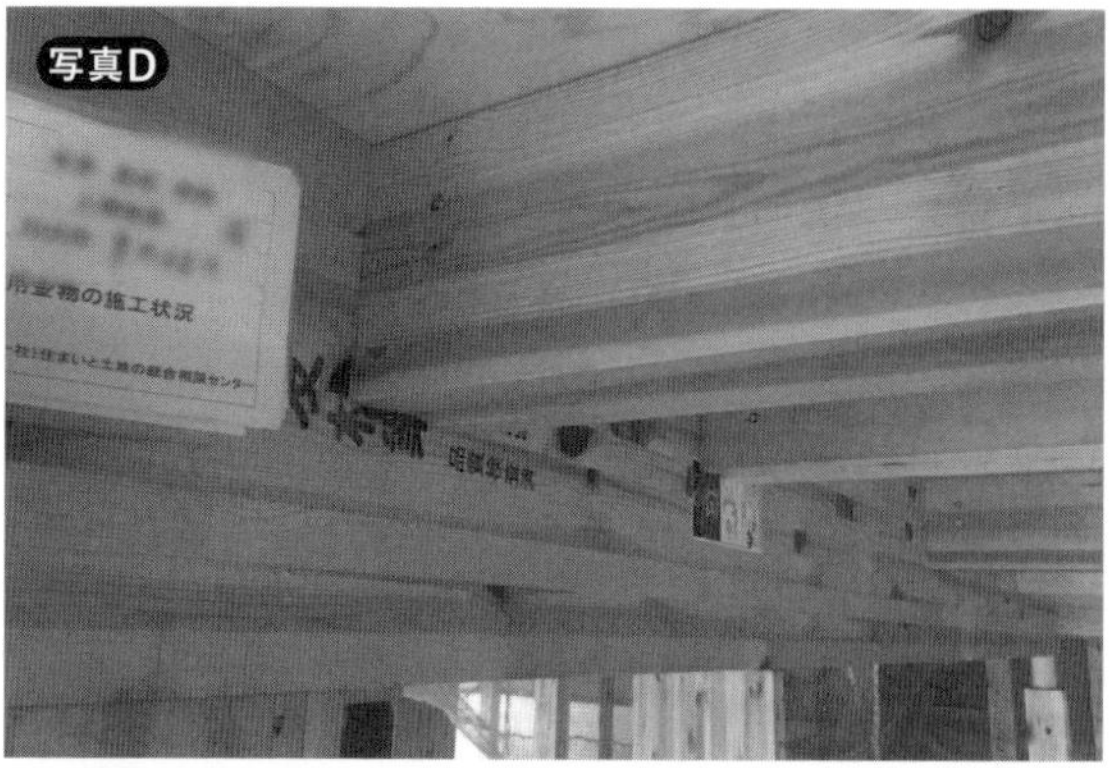

住友林業「ビッグフレーム」の集成材

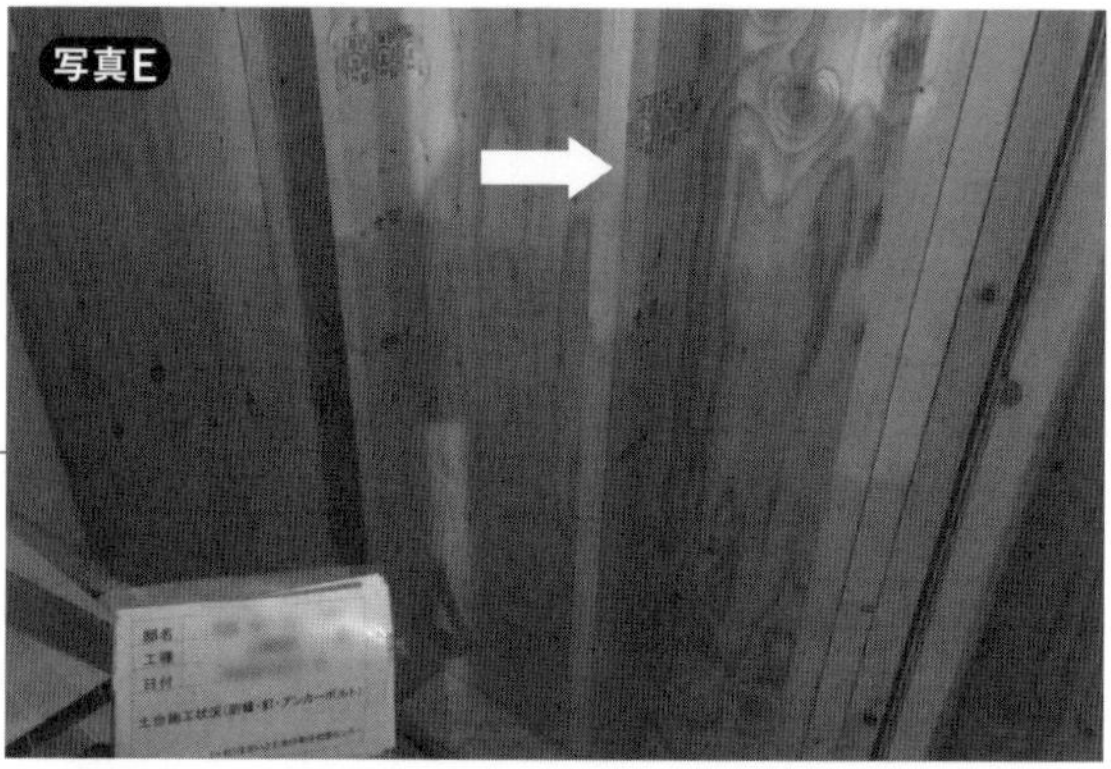

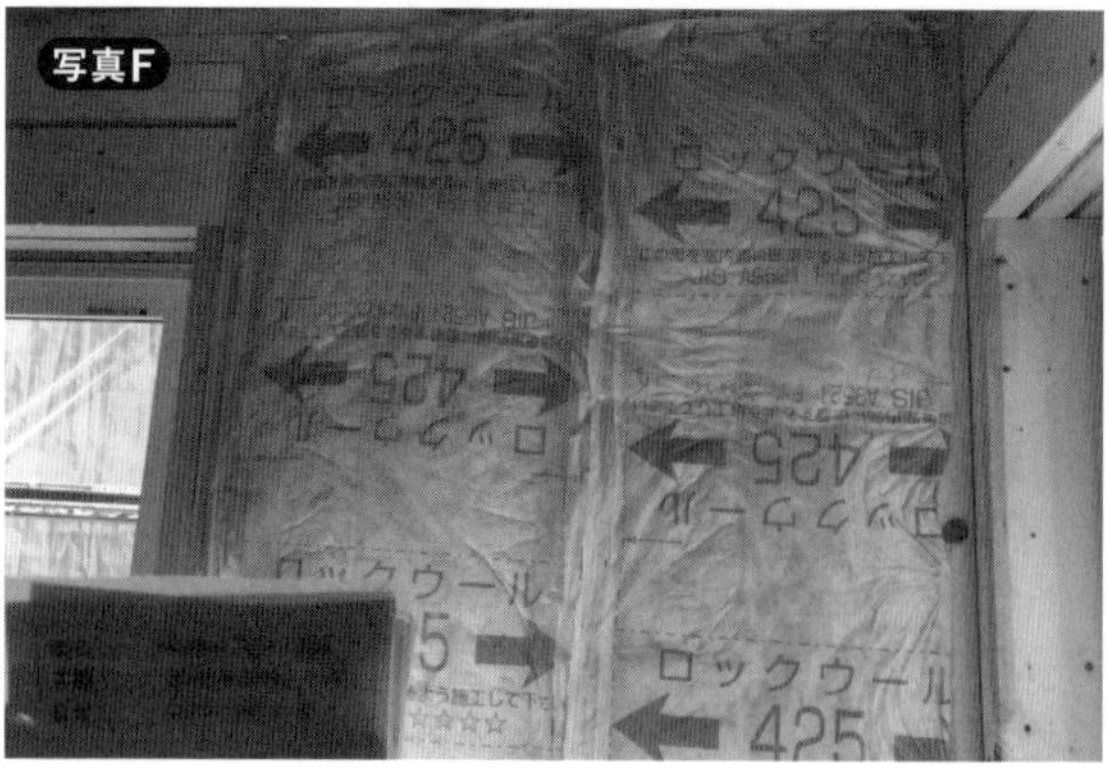

ますので、０・７㎜程度の隙間がどの程度影響するかと言えば、正直、誤差の範囲だと思います。

　注意したいのは、ボード系の断熱材ですね。繊維系と違って硬質な材質なので、木材の収縮などが発生した場合、隙間追従が全くできませんから、こちらは鉄骨メーカーに比べると隙間の点では不利な部分があります。

　しかし、そもそも問題なのは、計算上生じる小さな隙間よりも、「下手工事」によって生じる隙間です。鉄骨、木造を問わず、まずはこれをなくしてほしいものですが、写真Ｉのように結構な隙間が空いている現場は、本当に多いですね。

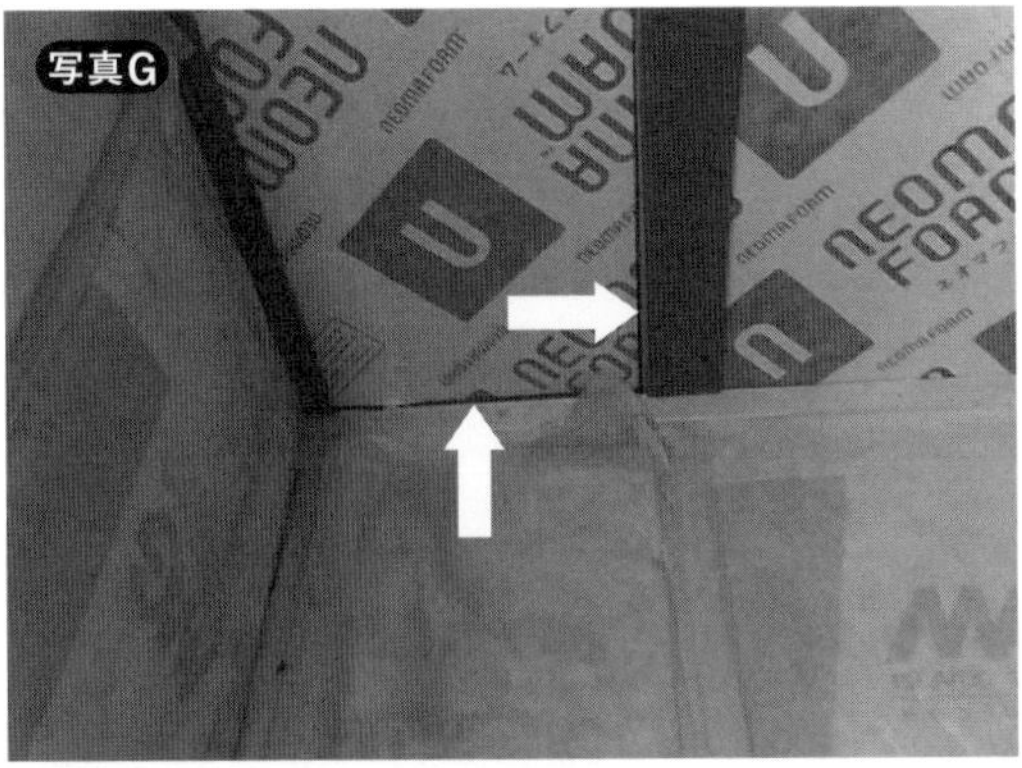

隙間が生じやすいボード系の断熱材

写真Ｇのサーモ写真　隙間のところが冷えている

下手工事による断熱材の隙間

Q6 全館空調のメリット、デメリットを教えてください。

A 空気品質と求める生活スタイルによって答えが変わります。

断熱性や気密性に興味を持たれる方も多く、空調や換気にまつわる質問もよく頂きます。特にコロナ禍で換気や空気品質が注目されていることも影響があるのでしょうね。

まず「全館空調とはなんぞや？」という前に、空気品質に関して基本的なことを理解しておく必要があります。

家の中の空気は時間とともに汚染されていきます。主な汚染源は「人間の呼吸（二酸化炭素）」「調理時に発生する油」「粉塵」……このあたりはイメージできるかと思います。つまり空気品質を保つには、これらによる汚染空気を新鮮空気と入れ替える必要がある。これは非常に大切なことで、建築基準法でも換気に関する基準が定められています。

換気＝空気の入れ替えには「窓」または「機械での換気」の2種類があります。昔ながらの換気方法は「窓開放」で、窓を開ければ空気は入れ替わりますよね。

もう一つは「機械換気」です。これはシックハウス（いわゆる化学物質などによるアレルギー症状）が問題となった際に換気の重要性が着目され、今では当たり前ですが、「24時間換気」と言って「常時住宅の中は換気しておきましょう」という建前にな

全館空調システム「スマートブリーズ・エース」の概念図

～全館空調システム「スマートブリーズ・エース」 1 台 6 役の基本性能】～

<暖房・冷房>

家中をいつでもどこでもばらつきのない快適な温度に保ちます。居室だけでなく、脱衣室や廊下、トイレまで、温度ムラをなくし、人が急な温度差を感じることで生じるヒートショックを未然に予防。身体への負担を大幅に軽減します。

<換気・空気清浄>

熱交換換気システムにより、窓を開けずに効率良く家じゅうをきれいな空気で満たします。高性能フィルターが花粉・ホコリを 90%カット。健康被害が心配されている PM2.5 の流入も抑制します。

<加湿・除湿>

加湿・除湿機能により、24 時間家じゅうの湿度もコントロール。梅雨の季節でも家じゅうをさわやかな空気で満たします。乾燥しがちな冬場には独自の加湿機能で過乾燥を緩和し、湿度が高まると生存率が低くなるインフルエンザウィルスなどにも有効とされています。

SMART BREEZE Ace

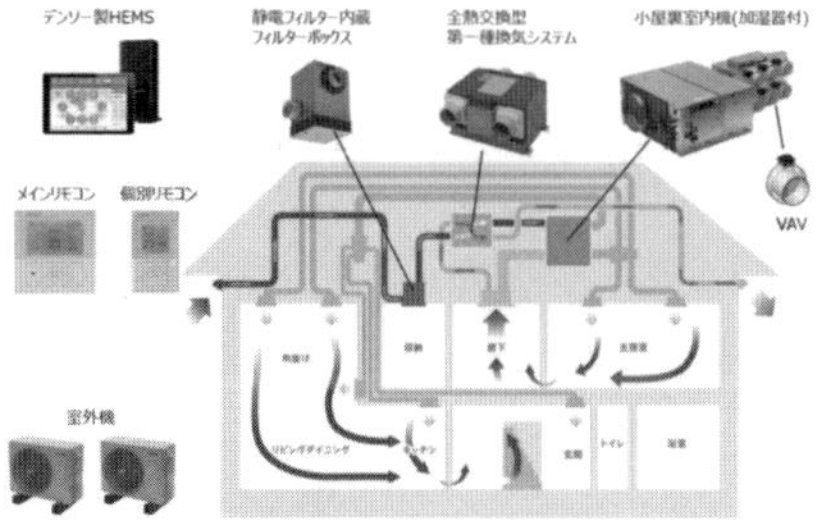

「スマートブリーズ・エース」システム概念図

三井ホームHPより

っています。

さて、質問の全館空調ですが、部屋ごとの個別空調の代表格であるルームエアコンには換気する機能がなく(最近ではコロナの影響もあり換気機能を備えたものが出始めました)、あくまでも温度を調整するために設置します。

つまり、エアコンで空気品質を保つことはあまり期待できないので、換気方式や換気量、換気ルートなどはきちんと考えなくてはなりません。その点、全館空調は、家の中と外の空気を入れ替えながら温度もコントロールする仕組みですから、家全体の空気品質と同時に、温度や湿度も一定化できるのが最大のメリットと言えるでしょう。

デメリットは、ルームエアコンに比べて機器が高額であること、メンテナンスへの配慮もより必要になるということでしょうか。電気代をデメリットと考える人が多いと思いますが、部屋数や構造によってはさほど問題になりません。

それよりも、我が家の空気品質（換気）をどう考えるか？　生活スタイルはどのようなものを理想と考えるか？　といったことを含めて全館空調を検討することが大切です。例えば、窓を開けることによる換気をメインに考えるなら、全館空調を採用する意味はほとんどない……ということになるわけです。

Q7 IoTに興味があります。積極的なハウスメーカーはどこでしょうか？　また、その評価はいかがですか？

A まだ評価が出来る段階には来ていませんね。

最近耳にするＩｏＴ（Internet of Things：モノのインターネット）は、インターネットを経由してモノとつながる、簡単に言えば「外出時に、玄関ドアの施錠ができていないよ！」と教えてくれるようなことをイメージしてもらえばいいと思いますが、住宅業界での取り組みはまだまだ後ろ向きだと思います。

差別化を図るために、積極的に取り入れたい（取り入れよう）というメーカーは、パナソニックホームズやヤマダホームズあたりでしょう。また、トヨ

IoT住宅のイメージ

住宅生産団体連合会のパンフレットより

IoT住宅の目指す姿

IoT住宅は、太陽光発電や蓄電池、エアコンなどの**様々な住宅設備がインターネットとつながる**ことで、新しいサービスがうまれ、**より快適で安全・安心な、新しいライフスタイル**が大きく広がります。

タは静岡県裾野市に、あらゆるモノやサービスがつながる実証都市「コネクティッド・シティ」をつくる構想を発表していますから、そこでのトライ&エラーを繰り返し、スピード感は増していくかもしれません。

ただ、住宅業界は先進的な取り組みが遅く、「変わる（変える）」ことを嫌う傾向があります。今でも業者への指示がＦＡＸだったりするのですが、そういった昔ながらの手法で家づくりをしているうちは、革新的な取り組みは難しいのではないかと思います。

現にＨＥＭＳやスマートハウスといった、前段階の技術革新も特に盛り上がったわけでもなく、認知不足・普及不足は否めません。現時点では、各社周りを見ながら様子見、業界の流れがシフトしてきたらやらざるを得ないか……という感じではないでしょうか。

Q8 床の水平についてお伺いします。欠陥住宅でよく見る「ビー玉が転がる現象」を避けたいのですが、水平精度の決まりはあるのでしょうか？

A 残念ながら明確な基準はありません。

住宅の床水平に関しての明確なルールは建築基準法には明記されていません。業界では「品確法」をベースに考えている会社が多いですね。左ページの表は国土交通省サイトからの引用ですが、品確法には、壁・床ではこのような記載が明記されており、多くのハウスメーカーでも3／1000を第一段階のボーダーとして捉えているケースが多いです。3／1000ということは1m先で3㎜ということですので、3m先なら9㎜、約1㎝まで許容しますということですから……ビー玉は転がってしまいますね（笑）。

床の水平や壁の精度に関しては、消費者は「誤差0」を期待する方も多いと思いますが、実際にはそういうわけにはいきません。似たような内容では、直角や真っ直ぐといった「工事の上手い下手が関係してくる箇所」についても、事前にどの程度の施工誤差で管理・許容をしているかをメーカーに確認しておいてください。

住宅紛争処理の参考となるべき技術的基準

第３各不具合事象ごとの基準

１傾斜次に掲げる部位の区分に応じ、それぞれ次に掲げる表の(ろ)項の住宅の種類ごとに掲げる不具合事象が発生している場合における構造耐力上主要な部分に瑕疵が存する可能性は、同表の(は)項に掲げるとおりとする。(１)壁又は柱

(い)	(ろ)	(は)
レベル	住宅の種類	構造耐力上主要な部分に瑕疵が存する可能性
	木造住宅、鉄骨造住宅、鉄筋コンクリート造住宅又は鉄骨鉄筋コンクリート造住宅	
1	3／1000未満の勾配(凹凸の少ない仕上げによる壁又は柱の表面と、その面と垂直な鉛直面との交差する線(2m程度以上の長さのものに限る。)の鉛直線に対する角度をいう。以下この表において同じ。)の傾斜	低い。
2	3／1000以上6／1000未満の勾配の傾斜	一定程度存する。
3	6／1000以上の勾配の傾斜	高い。

(２)床(排水等の目的で勾配が付されているものを除く。)

(い)	(ろ)	(は)
レベル	住宅の種類	構造耐力上主要な部分に瑕疵が存する可能性
	木造住宅、鉄骨造住宅、鉄筋コンクリート造住宅又は鉄骨鉄筋コンクリート造住宅	
1	3／1000未満の勾配(凹凸の少ない仕上げによる床の表面における2点(3m程度以上離れているものに限る。)の間を結ぶ直線の水平面に対する角度をいう。以下この表において同じ。)の傾斜	低い。
2	3／1000以上6／1000未満の勾配の傾斜	一定程度存する。
3	6／1000以上の勾配の傾斜	高い。

国土交通省 HP「住宅紛争処理の参考となるべき技術的基準」より

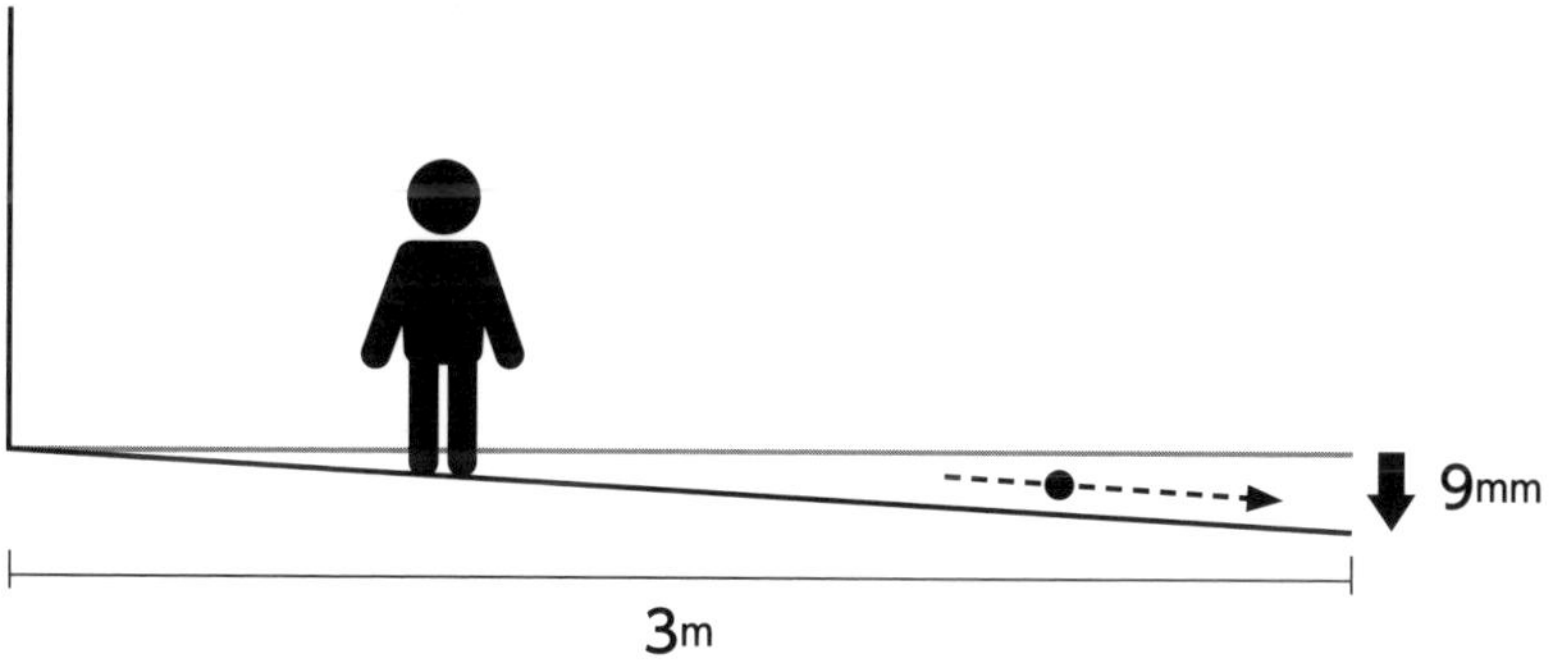

「営業マンはメリットしか言わない」傾向にあります。また「聞かないと答えない」という面も持っています。デメリットや疑問に思うことは聞くクセをつけるようにしましょう。こちらの意図と向こうの説明にギャップがあるケースはよくありますが、それも聞いてみなければわからないまま進んでしまいますので、注意してください。

Q9 家を建てる時期はいつがいいのでしょうか？ 特に工事中の雨は心配です

A メーカーが時期に応じた準備計画をしているか、よく確認してください。

確かに降雨は心配ですね。拙著でも含水率の話をよく挙げていますが、品質に大きな影響を与えるのは確かです。木造なら「建前（柱や梁を組み上げる作業）」の時期は雨を避けるのがベターですが、日本には四季がありますからなかなか難しいですね。最低でも、降雨時の適切な養生準備が必要です。

時期としては、雨がたくさん降る前に防水工事を進めたいので、建前の時期に着眼するのがおすすめです。つまり、建前の工程を梅雨時期や台風から外すような全体工程だと安心感は増します。

具体的には、基礎工事を11月終盤に開始し、年末まで基礎工事、年明けの建前工事だと雨の心配は少ないです（多雪エリアでは雪の影響がありますす）。また、梅雨時に基礎工事を実施し、昔から言う「梅雨明け10日、雨知らず」の時期に建前を実施するのもおすすめです。

我が国では、四季以外にも最近ではゲリラ豪雨

予備日を考慮した工程表のイメージ

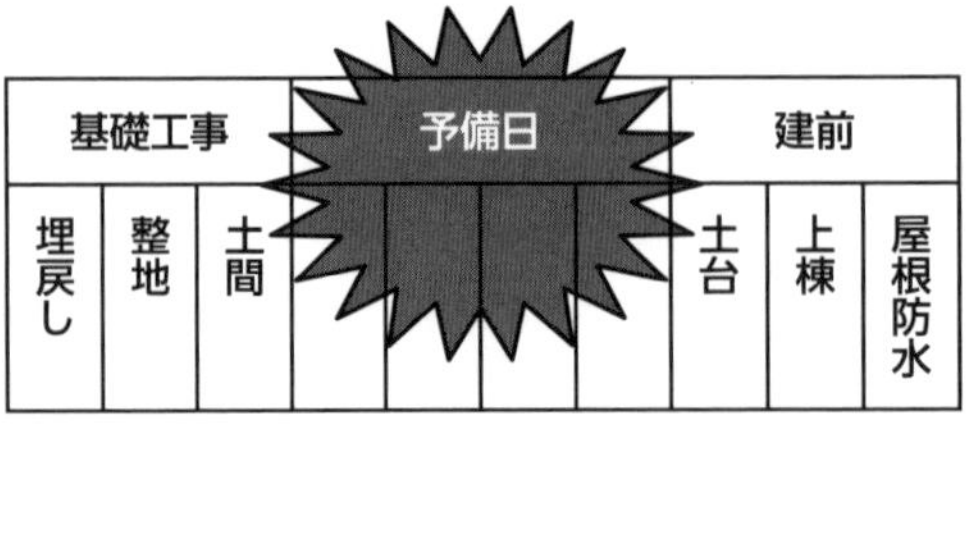

のような突発的な降雨の可能性もあります。大事なことは、降雨時の準備をしているか？　作業人数は十分か？　ここを確認しておきたいですね。標準的な工程表を見せてもらい、基礎工事から建前工事の前後に「降雨時の予備日程」が考えられているか（表参照）を、担当者と一緒に確認してください。

他には、基礎工事のコンクリート打設や外壁の左官工事、塗装工事などでも天候には注意が必要です。

Q10 木材の含水率が気になりますが、自分で含水率の確認をすることはできますか？　そのための機器はどこで購入できますか？

A 機器は値段により信頼性が変わりますから、正確な確認はメーカーにお願いしたほうが無難です。

ホームセンターでも数千円から購入できますので、含水率の計測自体はご自身でもできますが、使用する機器によって結果の信頼性が変わってしまいます。

写真Jのように木材に針を刺し、電気抵抗で含水率を計測するのが主流ですが、針の長さが短いため、木材中心部の計測ができず「表面の含水率」しか判別できない機種もあります。

構造用合板などの計測では、薄い板を接着剤で厚

写真J

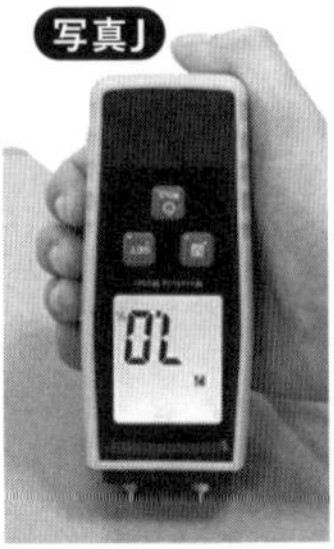

含水率の計測器

みのある板にしていますから、中心部の計測が不可欠。したがって、針の長さがある程度必要になるのです。

24㎜、28㎜厚といった合板であれば、針の長さは12㎜～14㎜は最低必要になりますから、機器指定をした上で、メーカーに計測してもらうのが無難です。

Q11 「木材は乾燥したものを使うから、濡れても大丈夫ですよ」と営業マンに言われていますが、本当ですか？

A 使う木の種類と「きちんと乾燥できるか？」が重要ですね。

現在、使われている木材はＫＤ材が主流です。ＫＤ材とは乾燥木材ですね。木は濡れていると強度が下がります。また、その後乾燥していくにつれて乾燥収縮が発生し、反りやねじれが発現します。ゆえに「含水率の管理」が、とても重要なんですね。昔は時間をかけて自然乾燥させていましたが、現在では強制乾燥させて含水率を下げた材木を使うのが通常です。

では、営業マンの言うように「乾燥木材なら問題ないか？」という問いですが、答えはＮＯです。一度乾燥させた木材は、確かに濡れても表面は時間とともに乾きます。ですが、これは無垢材の話ですね。

現在の木造住宅では、床や壁の下地に合板を使用することが多いので、接着剤を使用した合板は乾燥するのに相当な時間が必要です。大きな部材断面が必要な集成材の梁なども同様です。しかし、ハウスメーカー各社は「工期短縮」が命題で、スピード重視で工事を進めていく傾向にありますから、乾燥する前に蓋をしてしまっては乾燥促進できません。

日本農林規格では、含水率は部位によって規定値が変わります。通常の構造材（柱や梁）では、在来工法20％以下、ツーバイ19％以下ですが、接着剤を使っている合板は14％以下、集成材は15％以下となっています。厳しい数値が採用されているのは「それだけ乾燥しにくい部材」だからとも言えます。

Q12 基礎工事の「捨てコン精度」は、その後の品質に影響はないのでしょうか？

A 水平は正確に確保していてほしいですね。

当方でインスペクションを実施した方からのメールでの質疑です。

「昨日、砕石地業と捨てコンが施工されました。今日、現場を見たところ近隣の建築現場の捨てコンと比べてあまりに雑で汚く見えてなりません。このようなガタガタの捨てコンの上で、あやふやな型枠工事にならず、鉄筋をきれいに組み上げることが確保できるものでしょうか？」

現場写真（写真K）を見ると、確かにあまりキレイではありませんね。基礎工事の最初に無筋コンクリートを流す作業のことを「捨てコンクリート」と言い、これ自体は構造上、さほど重要ではありませんが、実は注意したい工程の一つです。重要ではないため、技術的なルールなどがきちんと整備されていないのです。

質問者の現場（捨てコンを流したところ）

基礎配筋検査時の現場。捨てコンも枠を使ってきれいに施工してある

捨てコンの主な目的は、正確な基準位置の墨出しをする（図面の寸法を捨てコン上に移す）こと、正確な高さを出すことですから、それが満たされれば大きな問題はないのですが、見た目に気を使っていない業者であることは写真からでも判別がつきます。

「（ルールがないのだから）見た目が悪くても、押さえどころだけやってあればいいか」という職人か、「ルールはないけど、見た目も気にしておこう」という職人か。どちらがよりいいものをつくれるかは火を見るより明らかですね。

Q13 鉄筋を結ぶ結束線は錆びていても大丈夫ですか？

A コンクリート流し込みの際に、切れてしまわなければ問題ありません。

結束線（なまし鉄線）

これもインスペクション実施の方からのメールでの質疑です。

「現場を見て気になった点がありました。別添の写真で、配筋同士を結んでいるワイヤーが錆びているように見えたのですが、これは大丈夫なのでしょうか？　錆びないステンレスのようなものを使用すると思っていたので、心配になりメールをさせていただきました」

結束線は、正式名称を「なまし鉄線」と言って、通常の鉄線を加熱加工し、柔らかく結束しやすいようにしたものです。ステンレス材ではなく、錆び止め加工などもしていませんから、写真Mのような状態でも問題はありません。

ただ、その後の工程であるコンクリートの流し込み作業の際、結束線が切れてしまうようでは困りますから、次工程まで時間が空く場合には注意が必要ですね。

Q14 私たち素人に、品質管理のためにできることはありますか？

A 専門的な技術面の見極めは難しいですが、できることもあります。

施工上の技術的な良し悪しを判断するのは困難です。ただし、「予防策」として有効なことはあります、簡単に言えば、現場に「ちゃんとやらなければまずい！」と思わせること。そのために施主ができることはあります。

■現場に足を運ぶ

ハウスメーカーに家づくりを発注する多くの方は、そもそも「大手メーカーに任せたい」ということが契約動機かもしれませんし、時間的制約もあると思いますが、やはり「お任せ」にせず、極力現場に顔を出すことを推奨します。「施主に見られている」という意識を与えることが現場に緊張感を生む一番の手法だと思います。

現場に行くと迷惑では？　と考える方もいますが、発注者は自身なのですから、あまり変な遠慮はせずに顔を出したらいいと思います。休憩時間（10時、12時、15時が多い）を狙っていけば、さほど現場仕事の邪魔にはならないと思います。

行くときは、あらかじめ（できれば契約前に）、営業担当や現場担当に話をしておいたほうがいいですね。また、職人さんに直接お願いをする（「ここを直してほしい、追加してほしい」など）のは後でトラブルの原因になりますので、要望や気づいたことは現場監督に申し送りするようにしてください。

■現場写真を撮る

完成した後では撮影できない箇所も工事中なら見られます。記念に残すという意味も込めて、現場に顔を出した際に写真を撮影しておくことをお勧めします。今ではスマホという手軽なカメラがありますから、スナップ写真とともに金物や部材の写真なども記録に残すようにしましょう。

写真を撮られると、施工をしている側も「間違いがあるとまずいな」と自然に思いますから、ミス工事発生の予防になるでしょう。

■現場監督と密な連絡を心掛ける

一般的に現場監督は、あなたの家だけでなく複数の現場を掛け持ちしていますから、毎日は現場に足を運べません。毎日行けばいいものができるというわけではないですが、やはり、あなたの家の工事担当者が全然現場に行かないとしたら不安になりますよね。

行かなくてもきちんと現場（品質）管理ができていればいいのですが、そこはなかなか判別できませんから、事前に現場管理体制の説明や、いつのタイミングで何を目的として現場に行くのか？　などをすり合わせしておくべきです。また、現場巡回した日は必ず連絡をもらうようにしておき、報告を求めることがベターです。自分で現場に行った際に生じた疑問などはメールで質疑を出すクセをつけてください。

なお、緊急性が低いものは即答してもらう必要はないのですが、「いついつまでに返答をもらう」の約束はしておきましょう。このような約束が反故にされる場合は、ちょっと雲行きが怪しいな……と思ってください。

とにかく、いい人と思われる必要はなく、むしろ「小うるさい建て主」をアピールしたほうがいいのは間違いありません。

Q15 大手ハウスメーカーと中小の工務店では経費が違いますよね？　特に、展示場を持たない中小は広告宣伝費がかからないから、その分、安く提供できると言われました。本当でしょうか？

A そうとも言い切れないと思います。

経費に関する話でよく耳にするのがこの質問です。「同じ家を建てるのになぜ経費が違うのか。それはこういう理由で、無駄な経費を負担させられるのは嫌ですよね」といったことを言われ、本当にそうなのか？　というわけです。

これに関しては大手ハウスメーカーとビルダー、中小工務店の経費を単純比較できないので「買い手がどう考えるか？」ということに尽きてしまう話かもしれませんね。

展示場の建設や維持管理には確かに高額な費用がかかります。いわゆる販管費という経費で、それが売値に反映されているのは間違いありません。

一方、展示場を持っていない会社(中小工務店とします)は、その分の経費が売値には反映されない。それは事実ですが、そもそも企業の体力(売上など)が圧倒的に違いますし、リフォームやメンテナンスなどの2次受注も大手ハウスメーカーはたくさん受けるわけですから、総合的に見た時、展示場の費用など大したことはないとも言えます。

例えば、年間4億円の売り上げがある工務店と、7000億円のハウスメーカーでは同じ広告宣伝費率(仮に3%とします)によってかけられる費用は、「1200万円」VS「210億円」ですから、比較する意味がないかも……(笑)。建築棟数が少ない工務店のほうが広告費の売値反映の割合は大きくなる場合もあるのではとも思います。

もちろん、大手の場合は無駄な人件費などが多いのは事実だろうと思いますが、その反面、有事の際には人材の替えがきくなどのメリットもありますから、部分的な比較をしてどうこう言うのは、誤った理解をしてしまう恐れがありますね。

Q16 自分が建てている家でインスペクションの指摘事項がたくさんありましたが、メーカーは（間違いだと）知らないでやっているの？

A 多くは、知っていてやっているので根が深いんです。

一般的に「建築基準法」「品確法」「瑕疵保険やフラット設計基準」などの基準に抵触する住宅を、欠陥住宅と呼ぶのだと思います。各社とも、さすがにこれらの決まり事を無視して設計・施行するルールにはなっていませんが、問題は「会社は理解していても現場は理解できていない」状態だということです。そのため、問題がいつまでもなくなりません。

特に大手ハウスメーカーの業務は役所仕事のようになっていますから、他の部署のことを知らない、上席が部下の現場状況を把握していない等は当たり前です。つまり現場事象の吸い上げができていないメーカーや組織が多いので、指摘事項がいつまでたっても減らないのです。

Q17 地元で優良工務店を探したいと思っています。探す方法やチェックポイントを教えてください。

A 工務店やビルダーは慎重に選んでください。

家づくりに携わる、一般に「工務店」と呼ばれる会社は多種多様にありますから、「これだ!」というポイントはありません。また、「ハウスメーカーよりも真面目で、家づくりを丁寧にやっているから工務店で建てたい」という方もときどきいますが、そんなことはないと思います。

工務店だから「いいものができる」「スペックが高い」などとは決して思わないようにしてください。もちろん真面目に頑張っている工務店もありますが、その反面、かなりレベルの低い会社も数多く見てきました。

では、「いい工務店」「安心できる工務店」に頼みたいと思ったらどうするか。次のようなポイントをチェックすることが、そのヒントになるかもしれません。ただし、これも私の個人的な経験則であり、絶対ではありませんからご注意ください。

■会社の社歴

長ければいいわけではないですが、それ以前は何をやっていたか? 変遷は? なども参考になります。社歴10年以上(もっと言えば15年以上)がいいですね。

というのは、10年でいったん家の保証を切る会社が多く、瑕疵保険なども10年を区切りにしていますから、真の実力は創業10年を超してからわかるからです。10年を超えてからのアフターやトラブル対応で出費がかさみ、会社運営がうまくいかなくなる、売りっぱなし、建てっぱなしのケースがあるんです。

■社長の顔

ＨＰに社長の顔が出ていないところは微妙です。代わりに「住宅部門代表」などの人の写真が掲載されている会社もありますが、心もとない印象です。そもそも「自分の考える家づくりが最高だ」と自信を持っている社長が多く、顔出ししない理由はあまり考えられないからです。

■各種ＳＮＳをやっているか？

ブログ、ツイッター、フェイスブック、インスタ等をやっているか？　などをざっと見てみましょう。

社長や社員の顔や情報があまり出てこないのは微妙ですね。また、「何を食べた」「どこに行った」ばかりで、住宅に対する考え方や信念が感じ取れないのも危険です。

部材の紹介やイベント告知だけではなく、会社理念が伝わる、家づくりのポリシーが伝わるものであればいいですね。なお、数年にわたって更新頻度が少ないのは検討の除外候補です。

■ＯＢ客とのイベントを積極的にやっているか？　発信をしているか？

「ＯＢ会がある」のがわかる程度ではなく、イベント開催の模様などがＳＮＳでわかるか？　も重要な判断材料です。ＯＢ客を大切にしているのが伝わってくれれば問題は少ないでしょう。

■資格関係

建設業の許可番号、有資格者の人数なども確認しておきましょう。組織構成人数と売上高や受注数、メンテナンス数などを表にすると適正がわかってくる場合もあります。

■会社案内、業務内容

なぜ注文住宅をやっているのか? 何が得意か? が伝わらない工務店は微妙な感じがします。特に「何でもできます」的なフレーズや「安い」と言ったワードを使用する会社は避けたほうが無難ですね。曖昧なアッパー表現=「高級」「ハイグレード」といったフレーズもパッと見はいいですが、結局どんな家づくりをしているのかがよくわからないですから疑問符です。

■団体や雑誌掲載など

●●団体所属……などは参考程度の情報です。どこかに所属しているから優秀というわけではありません。また「▲▲という雑誌に掲載されました!」も、結局は費用を払って掲載してもらっている広告のようなものが多いですから、あまりあてにはなりませんね。

■過去の建築実例

建築実例のテイストがバラバラだったりすると、「何でもできます」を謳い文句にしている会社の可能性が高いですね。過去には、どこかの会社の実例写真を勝手に掲載したり、仲間内の写真を借りて実例に見せかけるなどのとんでもないケースもありましたから、要注意です。

■家づくりの信念が各所から伝わってくるか?
(最も大切です!)

例えば、社長が喘息持ちゆえに自然素材の家……というのがその会社の信念(謳い文句)だったとします。にもかかわらず、自然素材とはこういうもの、アレルギーとはこういうものといった説明が全くない、その会社の標準工法や材料が自然素材とかけ離れているなどは、「売りやすいから自然素材の家を選んだに過ぎない」のが丸わかりでＮＧです。

ネット発信をうまくやれれば、今は中小企業でも大手と同じような集客活動ができる時代です。一昔前は、何をやっているかわからない工務店だったのが、情報発信をして自社のアピールを広範囲にできるようになりました。「ＨＰやＳＮＳを最大活用して受注につなげよう！」という法人セミナーや工務店コンサルもたくさん存在します。

しかし、まず大事なのは、あなたが「その商品（仕様）を受け入れることができるか？」ということ。そして、その商品を気に入る＝購入決定に至るには、性能・値段以外にも重要な要素があることを少しでもわかって頂ければ幸いです。

Q18 家づくりの失敗をたくさん見てきたと思いますが、どうすれば失敗しませんか？

A カレーにたとえて説明しましょう。

皆さんが建てたい（住みたい）家とは、どんな家でしょうか？

よく耳にするのは「いい家」「性能がいい家」「あったかい家」「地震に強い家」「家族が集う家」などですが、実はあまり理解しないで家づくりが進んでいってしまうケースが多いです。

家づくりの最初の最初「いい家って何だろう？」をカレーにたとえて話してみます。

ただ「カレーが食べたい！」と思って店を探すのと「おいしいカレーが食べたい！」の場合だと、探すべき店って違いますよね？

「おいしい」と言われているカレー店はいくつもありますが、当たり前ですが、店によって違うカレーが出てきます。でも、あなたはその全部を「おいしい」とは思わないはずです。もちろん、どのカレー屋も自分たちの作るカレーがおいしいと思っているのでしょうが、

そのカレーは本当に「あなたが食べたかった「おいしいカレー」なんでしょうか？

となるわけです。家も同じです。「いい家を建てたい」という声をよく聞きますが、そもそもいい家って何でしょうね、というわけです。

いい（良い）とは、何かと比較して「いい」ということでしょう。つまり「●●な家と比べていい家」ということなんでしょうけど、比べる●●な家はどんなものでしょうか？

今住んでいるマンション？　子供の時に住んでいた実家？　雑誌に載っているおしゃれな家？　競合先の木造メーカーの家？

具体的なイメージがなく、漠然と「いい家が欲しい！」という方も多いと思います。

「カレーが食べたい＝家を建てたい」「おいしいカ

レーが食べたい＝いい家を建てたい」。これ、ちょっと似ていますよね。

「おいしいカレーってどんなカレーですか？」

この問いに、「食べログで点数が高い店のカレー」と答えるのは、「あなたにとって」ということが考慮されていません。その中で自分が食べたいカレーにたどり着くには、もう少し具体的な情報が必要です。まずは材料選びでしょう。

カレー屋さん「肉は、牛肉？　それとも豚肉？」

あなた「いや私は鶏肉が食べたい！」

カレー屋さん「野菜はニンジン、玉ねぎ、ブロッコリーなどが……」

あなた「あと、ほうれん草を食べたいな！」

カレー屋さん「トッピングはチーズと半熟卵選べますけど？」

あなた「卵がいいけど、半熟じゃなくて固めってできます⁇」

まず、こういうやり取り（情報）がないと「自分が思うおいしいカレー」を食べられません。ハウスメーカーも工務店も同じで、まずはその会社の「材料選びがどうなっているか」を知ることがとても重要です。

基礎は「鉄筋コンクリートでシングルべた基礎」

構造は「集成材を用いた在来軸組工法」

断熱材は「屋根は吹付断熱材、壁は充填方式のロックウール」

防水は「ベランダはＦＲＰ防水、壁の２次防水は透湿防水シート」

こんな具合に、住宅会社が自分たちの考える家づくりをするには、最初に材料を選ばなくてはいけないということですね。では、その材料をあなたが気に入ったとします。

カレーに入れる材料が決まれば、それをどこから仕入れているのかも気になる人は気になります。オーガニックなのか、外国産なのか? 店によってはこだわりますよね。

建築材料でも、木材の流通ルート、防水紙のメーカーと購入依頼する商社、鉄筋の認定工場……。もっとも、ここまできちんとした考えをもって材料選定している工務店は少ないと言えます(大手のハウスメーカーはある程度きちんとしていますが)。

そうなると、あなたの食べたいカレーに入れるニンジンは「別に何でもいいよ」であればいいですが、そうでなければしっかり確認をしておく必要があります。プロだから仕入れや目利きに間違いない!と思っていると、痛い目にあいますよ。

また、同じ材料を使えばおいしいカレーになるでしょうか? 違いますよね。

次に決めなくてはいけないのは分量でしょう。ニンジン○本、鶏肉△g……といったことですが、材料と分量を決定する作業は、家づくりでいえば「仕様決め」に当たります。

「断熱材はロックウール、外壁には100㎜を採用しよう」「FRPはガラスマットを二重にした2Pに」「耐力壁の面材はノボパンがいいんじゃないかな」……最近は知識があってここまでこだわる人もいます。このような仕様決めを経て、住宅会社は「性能値」や「保証期間」を計算し、約束していきます。

断熱材はロックウール、外壁には100㎜を採用しよう⇩UA値は「0・5」です

FRPはガラスマットを二重にした2Pに⇩防水の保証は10年です

耐力壁の面材はノボパンがいいんじゃないかな⇩耐震等級3が標準です

こんな具合ですが、なぜ、売り手（住宅会社）は、性能を数値化や保証可視化するのでしょうか？　大きな理由の一つは「比較しやすい」からです。いい家は比較する家がないと「いい」とわからない、ということにつながりますね。住宅会社を選定していく際に、気にしてほしいのは「何と比較していい（良い）家と謳っているか」です。

これでおいしいカレーは食べられそうですか？

カレーの肉は鶏肉！　と思っていたけど、カレー屋さんからは、鶏肉もいいけど豚肉が一番おすすめと言われたらどうしますか？

「いやいや、今日は鶏肉の気分！」で通すのか、「豚肉って、どんな豚肉使っているの？　鶏肉との違いは？　って、聞いてみて決めようかな」……住宅会社（特に工務店）を選ぶときに大切なことは、こういうやり取りなんです。

例えば、断熱材は「充填方式のロックウール100㎜厚で、壁のUA値0・5」と書きましたが、こういうことを理解できていないで家を建てる人が多いんです。採用した仕様でUA値0・5が自分の望むものかどうか？　を判断（真に納得）できていないということです。

性能値の計算は仕様で決まりますから、材料を変更したり、厚みを増減させれば性能値が上下するのはイメージできると思います。

この住宅会社はなぜ「ロックウールで外壁には100㎜」にしたの？

他の断熱材と比較して、最終的にロックウールにしたの？

厚みは90㎜・100㎜・110㎜などと検討して100㎜に？

このような仕様決めの経緯を説明してくれない会社は、家づくりに「信念」がない会社です。単に「UA値0・5」を達成したいということであれば、その工務店が見ているのは競合先の比較工務店であって、あなたの新居ではない可能性が高いです。

つまり「単に、家を売りたい！」ということですよね。

よく「素人にはむずかしい」と言われますが、わからないことを聞いてみることはできます。

・ロックウールってなんですか
・断熱材はなぜロックウールにしたのですか?
・屋根と壁で種類が違うのはなぜですか?
・ほかの断熱材でお勧めはないですか?
・じゃあ、ロックウールのメリットデメリットは?
・何のためにUA値という基準があるのですか?
・UA値の最適数値は?
・UA値って0（ゼロ）にはできないの?

頭に浮かんだこうした疑問をそのままぶつけてみてください。日本人は「聞くのが恥ずかしい」と思う方が多く、自分でネット検索する方もいますが、「楽して情報を得たい」というのでは真の情報は得られません。例えば「比較サイト」などを使って情報を集めるのは、やめたほうがいいとは言いませんが、あくまでも参考程度がいいでしょう。当然、それらの情報のみで住宅会社を選ぶようなことはNGです。

情報は直接、相手に聞くことが大切です。納得いく説明をきちんとしてくれる住宅会社は、いい住宅会社の確率がぐっと上がります。

現在、書籍やブログ、YouTubeやSNSと、住宅に関する情報を入手する方法は多岐にわたります。あるブログではこう言っているが、別の人はこう言っていて何が正しい情報なの？　と思うケースもありますね。私も情報発信側の人間の一人ですが、多くの情報発信者は「仕様決め（≒性能数値）」で評価をしているケースも多いと思います。

・断熱材は●●、UA値▲▲だから断熱性能に優れている！
・熱交換機械式の換気方式なので、省エネでコスパがいい！
・耐震等級3が標準だから問題ない！

といった感じでしょうか。ただ、食べたことのないカレー、建てたことのない家は、本当は評価できないんです。材料や分量がいい具合に決まればカレーはおいしいのでしょうか？　家づくりで言えば、仕様にこだわりぬいて、性能数値が高い家は、本当にいい家なのでしょうか？

　そういった数値はあくまでも鵜呑みにせず、参考程度にとどめておくのがいいでしょう。それよりももっと大切なことがあります。そうです、「作り方」です。

　作り方を間違えてしまうと、せっかく厳選した材料も水の泡です。

　「この鶏肉、硬っ!!」みたいな……。

　家づくりでもレシピが重要なのですが、簡単に言えば、「設計図書」と「施工マニュアル」がその役目を担っています。

　つまり、設計者が、各種法令遵守の上、建築計画を立案し、設計図書を作成する。現場監督が施工ルールやマニュアルに精通した上で作業をさせる。こうした当たり前のことをやった上で、期待通りの性能を発揮できる住宅が完成していくわけですね。カレーで言えば「レシピを準備しているか？」ということです。

　でも住宅業界は、このレシピが「当たり前」じゃないんです。

「うちはレシピなんかないよ?」

「大丈夫、味見しているから」

「大体でいいでしょ、辛さなんか細かくわかんないよ」

「ジャガイモくずれちゃったけど…まぁいいか」

みたいなカレー屋さん、嫌ですよね?(笑)

「部屋数は希望通りにとれているから、このプランでいいか」

「開放的なプランがいいらしいから、玄関広めでリビングにも吹き抜けとか提案しとけ」

「耐震等級3相当と言っておけばいいんじゃない?　経験上、倒れないよ」

「最近は雨漏れのクレーム少ないし、防水はこれでいいか。雨漏れ保険にも入っているし」

「断熱材は入っていればいいんだよ、結構値段する材料だから、たぶんあったかいよ」

「昔と比べれば、結構見栄え良くつくってあるよね」

こんな話が消費者にわからないところでされているかもしれない業界なんです。

さて、材料も厳選したし、搬入ルートも確保した。レシピも考え直して、複数回作っては改良した。でも、これで「おいしいカレーにたどり着けるわけ」ではありません。最後に一番重要なことがあります。

「誰が作るか?」

ですよね。

料理をしたことのないバイトの子が、レシピ見て正しく調理できますか?　提供時間なども考えて、カレーを提供できますか?

最近では、衛生管理面など注意することは調理する以外にもたくさんあります。それはレシピには載っていないかもしれません、特に当たり前すぎることはマニュアルなどには書かれていないこともあります。

家も一緒です、つくるのは職人です。

家づくりに携わるすべての人間がプロとして情熱を持ち、いい家をつくろうという想いで組織されている集団こそが、いい住宅会社というわけです。

職人(作り手)で重要なのは「モラル」と「スキル」であって、経験値ではありません。(もちろん、経験値もスキルと関係する重要なファクターではありますが)。特に、モラルはその人自身の性格や仕事に対する情熱が源泉になります。

どんな人が建てるんだろう?……気になりますよね? もっと気にしてください(笑)

「どんな人なのか?」「どのくらいのキャリアがあるのか?」「大工(であれば)は、なぜ大工になったのか?」「今のやりがいは?」「現場で気をつけていることは?」……。この業界、自分の家をオーダーした時点では、「誰がつくるのかわからない」ケースが多いです。びっくりですよね(笑)。

本当は契約前に直接大工さんと話しをするのがベストですが、なかなかそうもいかないこともあります。なので、少なくとも、住宅会社からきちんと説明を受けるのはマストです。

この章の最後に「カレー」を例に家づくりの初歩を書いてきました。知らなかった！ という方もいれば、そんなの当たり前じゃん!! という方もいるでしょう。いろんな住宅会社を調べれば調べるほど、また、住宅会社とコンタクトを取って打合わせをすればするほど、自分で勉強すればするほど、忘れたり、迷ってしまうことでもあります。

事実、過去にも今もそういう迷子をたくさん見てきました。

あなたの食べたいカレーは、どんなカレーですか?

単なるカレー?（単なる家?）

おいしいカレー?（いい家?）

使っている材料にこだわったカレー?（材料検討が十分になされた仕様の家?）

正しいレシピ通りに作ったカレー?（正しい設計図書、施工マニュアルに従って作った家?）

きちんとオーダーをしないと、???というカレーを食べるハメになるかもしれません。家を建てたいと思う皆さんは、最低限「自分たちが住む家」の正確な情報を得て、納得した上で住宅会社と契約をしてください。

こういう話を聞いて、そもそも素人だし、時間もないからお任せしたい……そういう方がいらっしゃるのはわかります。そういう方はハウスメーカーが向いていると断言できます。

一方で、こだわりのある家を建てたい（自分たちにとって最良のいい家）という方は、それ相応に時間をかけて勉強しなくてはいけません。最も、我々のようなプロに相談できれば大幅な時間短縮は出来ますが……失敗のない家づくりを祈念しています。

Chapter 2

論より証拠！「実際に建てた人の家づくり実例11」

――施主の声と現場検査でわかった、大手ハウスメーカーの実態！

大手ハウスメーカーに依頼し、実際に家を建てた施主の皆さんにご協力いただき、私、市村がインスペクションした実際の家づくりの現場を詳細にレポートします!

●

ご注意いただきたいのは、このレポートの評価が芳しくなかったからと言って、そのメーカーの現場がすべて同様とは言えないということ。逆に、良かったからと言って、そのメーカーのすべての現場が良いとも言えません。家づくりの施工は、メーカー外部の職人や業者の腕次第という面も多いからです。

とはいえ、この結果が、そのメーカーの一つの実例であること、そして、家づくりの特徴を表していることに間違いはありません。

ハウスメーカーのホームページやパンフレット、ネット情報などにある、売りたいがための情報を鵜呑みにするのではなく、体験者の生の声、実際の現場写真を、ぜひ参考にしてください。

Chapter 2

論より証拠！「実際に建てた人の家づくり実例11」

――施主の声と現場検査でわかった、大手ハウスメーカーの実態！

旭化成ホームズ（ヘーベルハウス）……鉄骨造……K様邸

旭化成ホームズ（ヘーベルハウス）……鉄骨造……S様邸

三井ホーム……木造（ツーバイシックス）……K様邸

三井ホーム……木造（ツーバイシックス）……H様邸

住友林業……木造（ビッグフレーム）……H様邸

住友林業……木造（ビッグフレーム）……M様邸

ダイワハウス……鉄骨造……K様邸

住友不動産……木造（ツーバイシックス）……K様邸

住友不動産……木造（ツーバイシックス）……M様邸

スウェーデンハウス……木造（木質パネル）……N様邸

セキスイハイム……木造（ユニット）……I様邸

旭化成ホームズ（ヘーベルハウス）

軽量鉄骨

2階建

Kさん（神奈川）

「もし、ノーチェックでやっていたら……（施主さん）」狭小地に家を建てる難しさを感じた現場

施主へのアンケート

Q 家づくりの動機は？

A 賃貸に住んでいたが、家賃を支払うのがもったいなかったから。

ワンポイントアドバイス

家づくりの動機の中でもベストスリーに入る理由ですが、日本の住宅事情では「家は資産」ではなく「負債」となってしまうケースが多く見受けられます。そもそも木造住宅の耐用年数が35年なんていう設計計画も珍しくありませんから、「フラット35」を払い終わる時点で資産価値はゼロということも……。

Q 検討したメーカーは何社？

A 4社。旭化成ホームズ、ダイワハウス、タ

DATA BOX

施　主	K様
ハウスメーカー	旭化成ホームズ株式会社
竣工時期	2019年秋
地　域	神奈川県
仕　様	鉄骨（軽量鉄骨）
階　数	2階
敷地面積	約80㎡
延べ床面積	約90㎡
最終総額	—

マホーム、トヨタホーム。

ワンポイントアドバイス

耐震性を重要視していれば鉄骨造の3社は検討候補ですが、タマホームはちょっと毛色が違う印象ですね。予算面でこのような検討候補をピックアップするケースが見受けられますが、最終的には候補落ちする傾向にあると思います。

Q メーカー決定の決め手は?

A 耐震性・断熱性・ブランド力。

Q 契約後、着工までに発生した問題点は?

A 特になし。

Q 着工後、引渡しまでに発生した問題点は?

A 工事のミスにより、引渡しが遅れたこと。

Q ご入居後の満足度、または問題点は?

A 非常に満足している。

■調査結果まとめ

①検査依頼に問題が発生した。大工工事の中間検査（内部造作下地検査）をする予定であったが、写真①のように石膏ボードを貼ってしまい、いきなり検査ができない事態に。

②是正報告などに関しては問題なし。

③基礎工事から断熱工事までは、社内マニュアルがしっかりしており大きな問題はない。大工工事からは大工のスキルとモラルに左右される点が否めない。

写真1

ホームインスペクター!
市村崇の現場チェック

丁寧に施工されていた。施工マニュアルが詳細になっており、ハウスメーカーの中でも「大きな問題がない」作り方を心掛けている。写真②では、鉄筋断面(丸囲み部)が色付けされ、鉄筋径(鉄筋の太さ)が識別可能になっていた。

写真③は、かぶり厚さ不足。鉄筋は主に、錆の進行を防ぐために土からの距離が決まっているが、寸法不足の指摘があった。

■基礎配筋検査レポート

写真2

写真3

■防水検査レポート

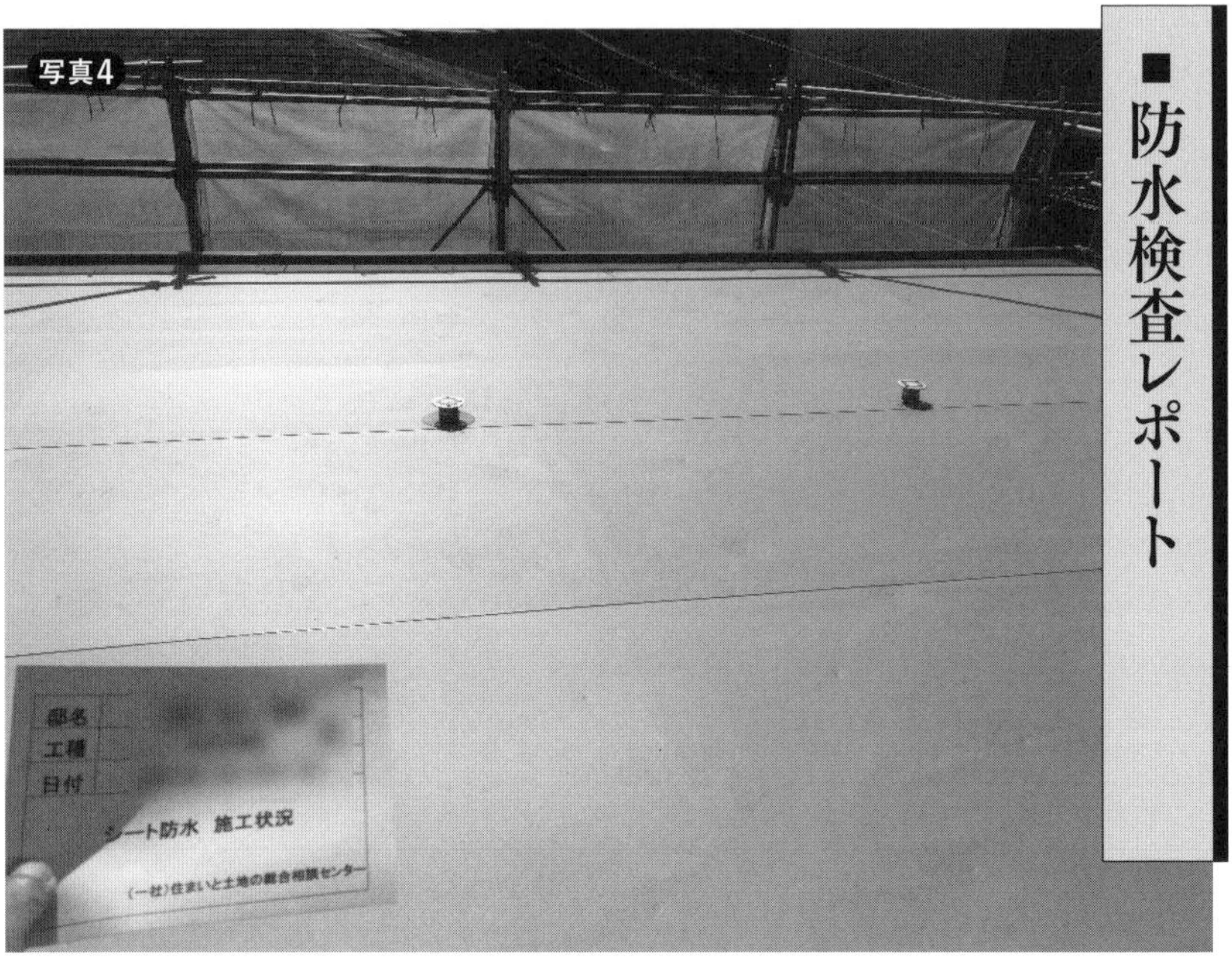

写真4

ヘーベルハウスの屋上利用プランでは、防水シートを採用（写真④）している。シート同士の重ね幅寸法や、きちんと密着しているかがポイント。丁寧に施工されていた。

鉄骨造では、シート防水工法が採用されることが多いが、鉄骨メーカーでは、もともとヘーベルハウスが特許を取得していた防水シートを採用している会社が多く、材料の良し悪しは各社大きく変わらないだろう。

ホームインスペクター！
市村崇の現場チェック

■内部造作下地検査レポート

写真⑤は大工が現場作業にとりかかり壁の下地を検査している様子。作り方はシンプルだが、大工のモラル&スキルによって品質が変わってしまう点に注意が必要だ。

写真⑥を見て頂ければわかるが、現場の整理整頓が不十分ということで、指摘数が結構あった現場だ。

写真⑦は釘の打ち方が雑なのを指摘。これは素人でもわかる項目のはず。

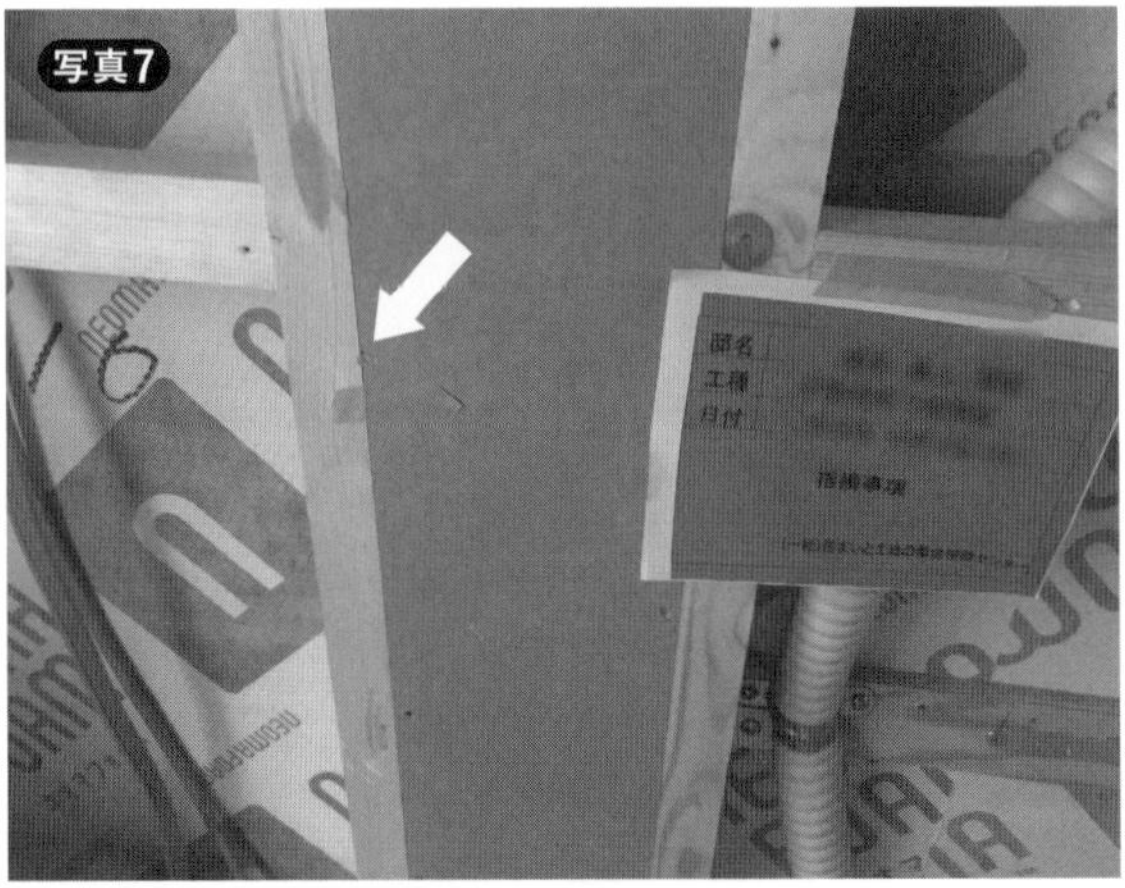

写真7

内部造作下地検査時にかなりうるさく指摘を受けたことで……かどうかは不明だが、大工工事完了の施工は良好だった（写真⑧）。

■内部造作完了検査レポート

写真8

構造躯体をウリにしているハウスメーカーは、内部の仕上げ造作が少し手薄になっているように思える。十分に注意して頂きたい。

施主の感想・アドバイス

メーカーのチェック機能を信用しないで欲しい

資金の余裕がなくてもホームインスペクターの実施を勧めたい。大手のハウスメーカーであってもかなりのミスがある。ホームインスペクターのチェックがなければ修正されずに工事が完了していたと思うとぞっとする。営業さんには、外部組織がチェックするので安心と言われていたが、まったくチェック機能が働いていなかった。

ホームインスペクター・市村崇から一言

検査できない事態に閉口。狭小地ゆえの難しさも

石膏ボードが貼られて中間検査ができないため、目視検査が可能になるまで壊して、現場工程を戻すというお粗末な事態。敷地が変形の狭小地で、設計プランに苦労をした感じを受けました。現場のほうでも、建物と足場の距離が近く、施工しづらい面があったのか、傷などが他現場よりも指摘箇所が多かったと思います。

旭化成ホームズ（ヘーベルハウス）

軽量鉄骨

2階建

Sさん（埼玉）

◎を付けていい現場「素晴らしいチームでした」と施主さんも絶賛

施主へのアンケート

Q 家づくりの動機は？

A 住んでいた家でやたらとカビが発生し、不思議に思っていたところ屋根に設置したソーラー湯沸かし器のパネルがズレ、瓦が落ちてきて雨漏りしていることがわかりました。その後、色々と点検していくうちに屋根等に欠陥が見つかり、更に備え付けのタンスが湿っていたり、雨漏りもどこまでしてしまうかわからないとなったため、思い切って建て替えを考えました。

Q 検討したメーカーは何社？

A 3社です。旭化成ホームズ、積水ハウス、大和ハウス。

DATA BOX

施主	S様
ハウスメーカー	旭化成ホームズ株式会社
竣工時期	2020年秋
地域	埼玉県
仕様	軽量鉄骨
階数	2階
敷地面積	約100㎡
延べ床面積	約110㎡
見積額	約3800万円

「鉄骨御三家」と言っていいですね。鉄骨造嗜好の方は、これにパナソニックホームズを加えて検討する方が多いと思います。

Q メーカー決定の決め手は？

A 設計提案力、耐震性、断熱性、担当営業の応対。その他、家を建てた後の点検等も含めたアフターサービス。

Q 契約後、着工までに発生した問題点は？

A コロナの影響で打ち合わせがリモートになったり、期間が少しかかってしまいましたがとても素晴らしい営業チームでした。

Q 着工後、引渡しまでに発生した問題点は？

A 特に無し。素晴らしい工事課、工務店のチームでした。

当たり前ですが、大手メーカーといえども、人の能力は一定ではありません。特に作る人、つまり職人のモラルやスキルによって品質が大きく変わってしまうのが家づくりです。

ホームインスペクター！

市村崇の現場チェック

■調査結果まとめ

①全体的に指摘事項は少なく、現場施工・管理とも良好な現場であった。

②施工店は、一般の指定工務店だったが、しっかりした現場で安心感が持てる現場であった。

③是正報告には大きな問題なし。是正は指摘後、修正され問題なく引渡しが遂行された。

品質管理、工程管理とも申し分なく、全くと言っていいほど問題がなく進んだ現場であった。現場監督、施工店とも意識が高いことが伝わり最近では指折りに入るほど優秀な施工チームだったと感じる。すべての現場でこのレベルを保ってほしいのは期待しすぎか……。

■基礎配筋検査レポート

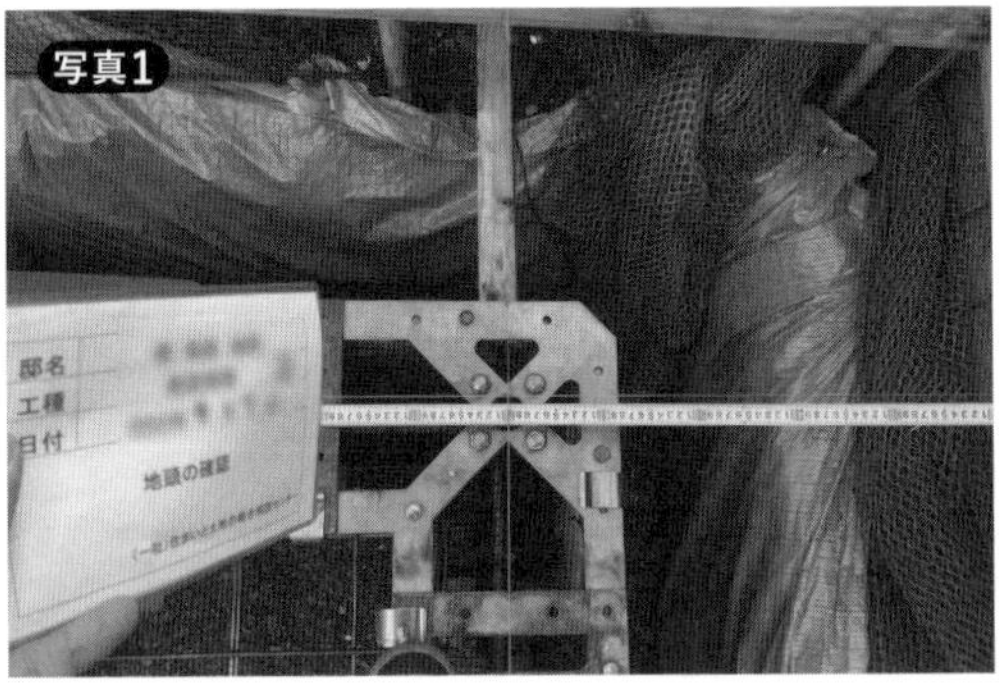

施工条件も厳しくない一般的な現場状況。施工は良好で、指摘事項はなかった。写真①は建物位置を決定する、「基礎地頭の配置寸法」を確認しているところ。

ホームインスペクター!
市村崇の現場チェック

■ 上棟検査レポート

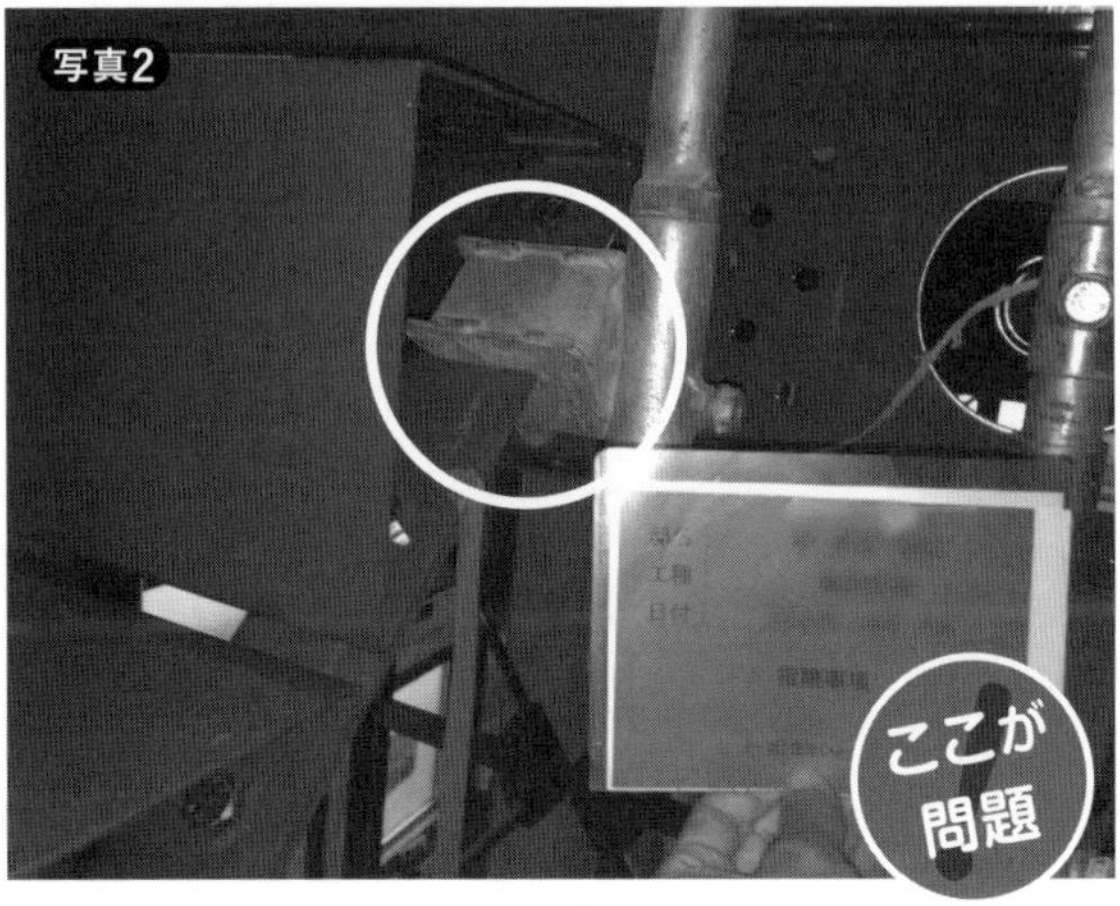

レッカーで重たい材料を吊り上げて工事をするため、鉄骨同士が当たって傷つくことが多い。そのため、傷箇所には鉄骨の補修材を塗布することになる。これは錆止めが主な目的だ。指摘としては「鉄骨の傷補修忘れ」が散見された(写真②)。

写真③の「×」印がついている箇所は、床のヘーベル版がガタついているものを指摘している。ヘーベルハウスではよくある指摘事例である。

■ 断熱検査レポート

写真4

ここが問題

ネオマフォームのジョイント部に貼られたテープ（色はピンク）は気密用のテープとなっている。

指摘箇所としては、ＵＢ（ユニットバス）換気扇の貫通部の処理が未実施であった。工務店によって、電気業者が実施する場合とＵＢ業者が施工する場合があって、この現場では施工タイミングに至っていなかったため、後日、写真報告での確認を実施した。

ホームインスペクター！
市村崇の現場チェック

■内部造作下地検査レポート

写真5

ヘーベルハウスの天井下地は、ＬＧＳと呼ばれる軽鉄材で組み上げる仕様となる（写真⑤）。材変形が少ないメリットはあるが、熱伝導の高い材料特性をもつ鋼材を使用するので、ヒートブリッジ（外気温の内部伝導）が少なからず発生しやすい。

どんな工法、材料にもメリットとデメリットは存在する。依頼先選定時には、その両方を理解したうえで進めていってほしい。

■内部造作完了検査レポート

写真6

内部造作完了検査（写真⑥）では、サッシのビス打ち忘れを指摘した。現在では多くのメーカーで、カットボードといって「工場であらかじめ寸法加工された石膏ボード」が搬入される。大工による現場での石膏ボード加工が少なくなるということだが、誤差が生じやすい（工場カットと現場の寸法が若干違うため）。このあたりは大工のモラルが直接影響してくる部分だろう。

ホームインスペクター!
市村崇の現場チェック

■足場解体前外装検査レポート

写真7

ここが問題

足場解体前の外装全般の検査を実施。屋根にも上り、不具合がないかを確認する。全体的に仕上げ状況は良好であった。サッシ枠の養生(青いビニール)がはがし忘れている箇所がいくつか散見された(写真⑦)。当然、高所での忘れは後々大変な作業になるので、最終確認は大切である。

施主の感想・アドバイス

施主とメーカー、双方にとってメリットのあるインスペクターの存在と役割を知ってほしい

家を建てるという事は本当に大変な事だと思います。今回初めて住宅展示場に行った時、メーカー毎に言う事が違い、結局何が正しいのかわからなくなり夫婦の仲が悪くなりかけた程です。しかしそんな時にプロの方から、実際はこうですというアドバイスはとてもわかりやすく、そして説得力がありメーカーを選ぶ上でとても助けになりました。

その後、実際家を建て始めてからインスペクションをして頂くと是正箇所が出てくるため、きちんと検査を挟んでくれる人の重要さをとても感じました。また引渡しの際も、工事課の担当の方から「今回外部検査が入るという事で我々も気が引き締まったし、検査をする度にこういう見方をするのかととても勉強になった」と話して下さり双方共にインスペクションが入り凄く良かったと思います。

確かにプロに頼むのでお金はかかります、しかしここは絶対にケチらずにかけるべきところだと思います。これを読む方は恐らくまだ実際のインスペクターのお仕事を見る前の方がほとんどだと思いますので、この感想で、そのお仕事の大切さを知っていただければ幸いです。

三井ホーム ツーバイシックス 2階建 Kさん(千葉)

施主さんと現場のコミュニケーションもよく、施工で大きな問題が起きなかった良好な現場

施主へのアンケート

Q 家づくりの動機は?

A 東日本大震災で液状化のため、半壊指定を受けた実家を建て替えたかった。相続税対策で生前贈与3000万円非課税を利用したかった。

Q 検討したメーカーは何社?

A 5社。積水ハウス、トヨタホーム、ミサワホーム、住友不動産、三井ホーム。

ワンポイントアドバイス

当センターにいらっしゃる方の多くは、3社程度の候補で、多い方は5社や7社、それ以上という方もいますが、どうしても打ち合せは施主のお休みに合わせてということになり、土日打ち合せの限界もありますから、早めに候補会社を絞るのが理想と言えます。

DATA BOX

施主	K様
ハウスメーカー	三井ホーム株式会社
竣工時期	2020年夏
地域	千葉県
仕様	木造(ツーバイシックス)
階数	2階
敷地面積	約160㎡
延べ床面積	約130㎡
最終総額	—

施主へのアンケート

Q メーカー決定の決め手は？

A 設計提案力、耐震性、断熱性、気密性、担当営業の対応。その他：液状化し、不同沈下した場合、三井ホームの基礎が一番家の傾きを直しやすい感じがした（素人判断ですが）。建て替え前の家が我慢できないほど暑くて寒い家だったので、全館空調に引かれた。営業担当がベテランで安心感があった。

ワンポイントアドバイス

ハウスメーカーの中で唯一選べる担当者は営業マンです（設計や工事担当者を選べる住宅会社はほとんどない）が、気軽に展示場でアンケートに答えて担当営業を自ら決めてしまうケースが見受けられます。できれば吟味してから営業担当を決めて欲しいと思います。

Q 着工後、引渡しまでに発生した問題点は？

A なし。コロナで、住んでいるところから千葉県の現場に見に行けませんでしたが、オンライン打ち合わせで対応してもらえた。

Q ご入居後の満足度、または問題点は？

A 南西向きの敷地で思いの外西日が強く、これから西日対策を考えなくてはと思っています。それ以外は非常に満足しています。コロナで入居が遅れましたが、工事担当が丁寧に対応してくださいました。

ホームインスペクター！
市村崇の現場チェック

■調査結果まとめ

①全般的には、大きな問題はなかった。
②検査依頼や是正報告も問題なし。
③工程に影響はでなかったが躯体の含水率超過が有り再検査の必要があった。
敷地の高さ（ＧＬ）設定が、コンクリート打ち継ぎ部より高く雨水侵入などの恐れが有ったため、基礎立上り部に防水施工の指示をした。

現場監督及び、職人の意識が高く全体を通して指摘の少ない現場施工状況であった。

■基礎配筋検査レポート

写真1

ここが問題

基礎配筋検査では建物配置から確認を始める。ここで基礎の位置が間違っていると、後でとんでもないことになる。

写真①は基礎の深さが違う箇所での鉄筋入れ忘れ。メジャーで示しているように、斜めに鉄筋を追加するように指示を出した。

いわゆる「深基礎（通常の基礎高さが高く、地面に埋まる部分が多い）」では、上記のような指摘以外にも施工不良が起きやすい部分であるため、注意が必要だ。全体的な施工状況は良好であった。

ホームインスペクター！
市村崇の現場チェック

水道業者も意識は高く、きちんと施工するのは当然だが、見え方も含めて配慮が伺えた施工である（写真②）。

■基礎完成検査レポート

水平や垂直は写真③のようなレーザー機器で確認をしていく。躯体（構造）の精度は良好であった。

■上棟検査レポート

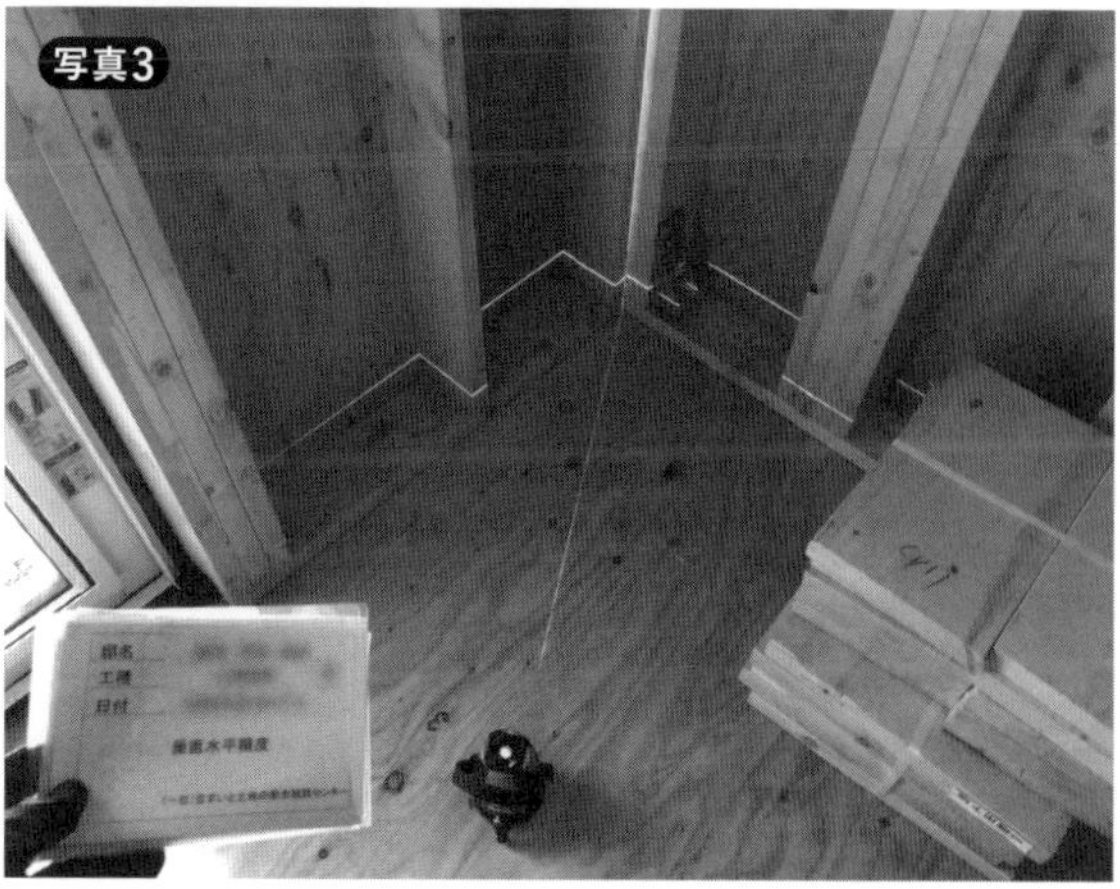

写真④では釘打ちが、合板の端部すぎて材割れが確認できる。細かいようだが、釘の施工不良は立ち合いですべてその場で是正させた。

壁の防水はアスファルトフェルト。基本的な施工は問題がなかった。写真⑤は外壁を貫通する箇所のピンホール（小さな穴）を指摘している。雨漏れにつながる施工箇所は、細心の注意をはらった上で「お漏らしは絶対にさせない」という共通意識が現場で大切である。

■防水検査レポート

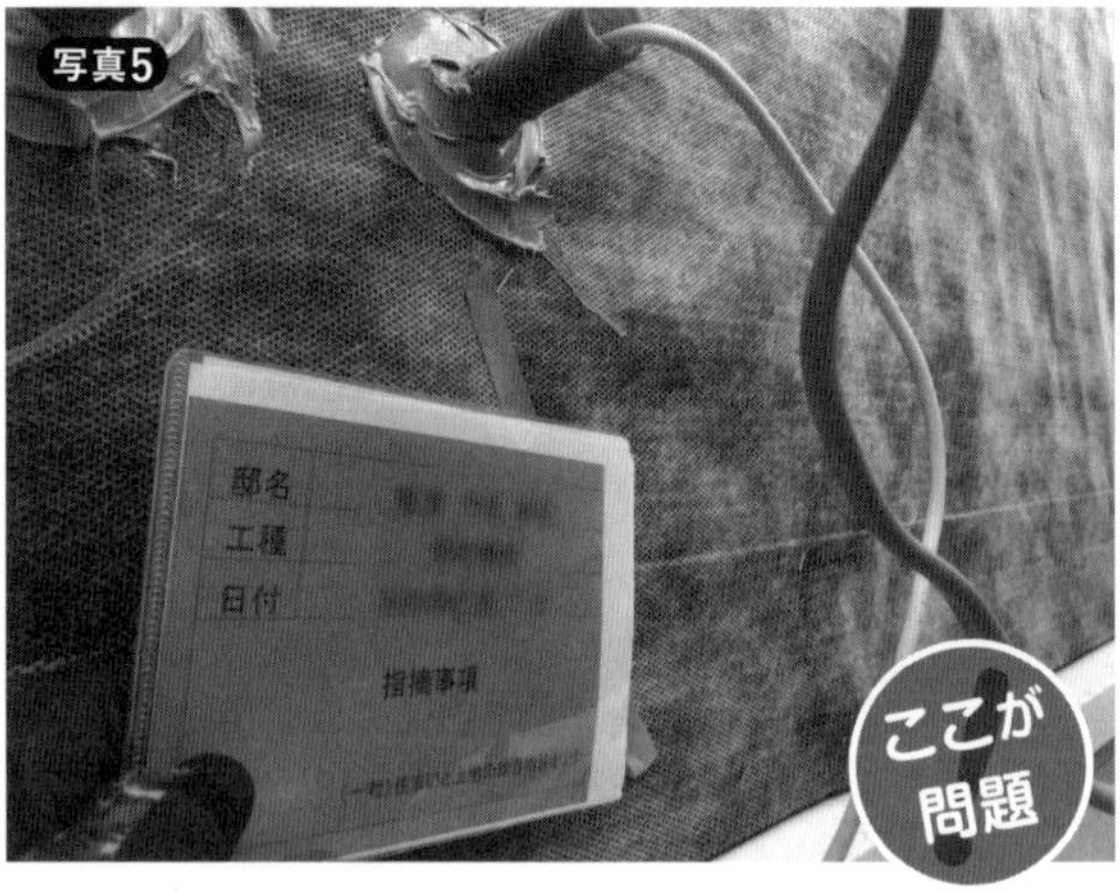

ホームインスペクター!
市村崇の現場チェック

写真⑥では充填工法でセットされた壁の断熱材とともに、気密のためのベーパーバリアが施工されているのがわかる。赤外線カメラでの検査も隙間はなく、施工状況は大変良好であった。

■断熱検査レポート

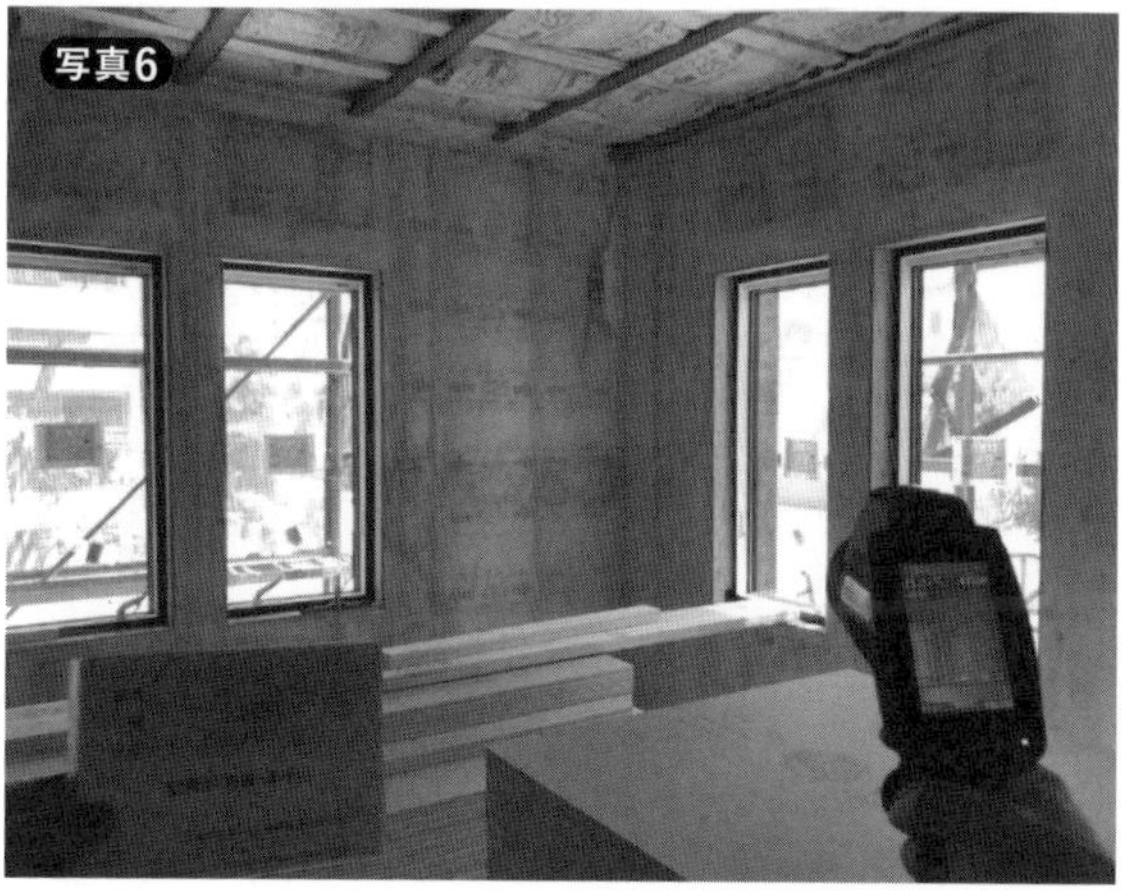
写真6

写真⑦は玄関ポーチのタイル不備。打診棒で検査をすると「カラカラ」と高い音が出る箇所はタイルが浮いている。マーキングしている箇所は浮きが確認できたので、張り替えを指示した。

■竣工検査レポート

写真7

施主の感想・アドバイス

信頼のおけるメーカー担当者が付いてくれたのも大きいが、第三者の検査・指摘があってこそ、満足な家が完成します

家づくりに関しては全くの素人ですが、信頼できる担当者に恵まれ、三井ホームにお願いしてよかったと思っており、トラブルなく満足できる家を建てることが出来ました。それでもなお、市村様に指摘して是正していただいた事は多々ありました。また、第三者に検査されているのは、指摘された事以外にも施工品質向上に大きく影響していると思います。

住まいと土地の総合センター様に検査をお願いしたことは、非常に大切なことだったと思っています。

ホームインスペクター・市村崇から一言

施工がしっかり管理され、安心感のある現場だった

先にレポートしたような細かい問題はいくつかあったものの、施工がしっかりしていたため大きな問題は生じず、予定通りに引き渡しを迎えました。全体を通じてしっかりと管理された現場でした。

三井ホーム ツーバイシックス 3階建 Hさん(東京)

大きな問題はない現場だったが……石膏ボードの大きな隙間が残念!

施主へのアンケート

Q 家づくりの動機は?

A 親が高齢になり、同居できるアパート型の住宅が必要になったため。

Q 検討したメーカーは何社?

A 三井ホーム、パナソニック、積水ハウス、旭化成の4社。

Q メーカー決定の決め手は?

A 設計提案力、耐震性、断熱性、気密性、担当営業の応対。

Q 契約後、着工までに発生した問題点は?

DATA BOX

施主	H様
ハウスメーカー	三井ホーム株式会社
竣工時期	2020年春
地域	東京都
仕様	木造(ツーバイシックス)
階数	3階
敷地面積	約180㎡
延べ床面積	約340㎡
最終総額	1億2000万円台

A 打ち合わせは早く進んでいたが、着工まで時間がかかった。

ワンポイントアドバイス

設計提案力や自由度が高いメーカーは、それゆえに確認作業が多く、着工までに相応の時間と労力がかかる傾向にあります。

Q **着工後、引渡しまでに発生した問題点は？**

A 予定より1カ月遅れの引き渡しになった。引越し代金などの差額をメーカーが補填したが、仕事や生活上の調整が必要になった。また、営業も設計担当者もとても忙しそうで、遠慮しながら問い合わせる必要があった。

ワンポイントアドバイス

「引渡しは約束した日付でしょ？」と思うかもしれませんが、引渡しが遅れる事例は意外にあります。ですから契約書の遅延損害金に関して、正しい理解をしておくことは重要です。

Q **ご入居後の満足度、または問題点は？**

A アフターも含めほぼ満足しているが、設計が紙ベースのみの確認だったので立体的にイメージしづらかった。生活すると棚の位置や大きさなど、設計段階ではわからなかった使いづらさを感じる箇所があった。また、設計で何をいつまでに決めるか期日がはっきりわからず、不安になる時があった。

ホームインスペクター！ 市村崇の現場チェック

■調査結果まとめ

①全般的には、大きな問題はなかった。
②検査依頼や是正報告も問題なし。
③内部造作の大工工事は「うまい・下手」がはっきりと出てしまう。

3階建ての耐火木造住宅の現場で、断熱指摘及び木完《もくかん》ボード指摘が目立った現場でした。建物の用途や規模によって耐火建築物にしなくてはならない決まりで、木造でももちろん可能ですが、作業工程が多くなり、不具合指摘が出やすくなるのが一般的です。

■基礎配筋検査レポート

軽微な指摘はあったものの丁寧に施工されており、問題はなかった。写真①は、水道排水管の施工状況。補強筋もルール通り施工されており、「教科書通り」といったところ。

■基礎完成検査レポート

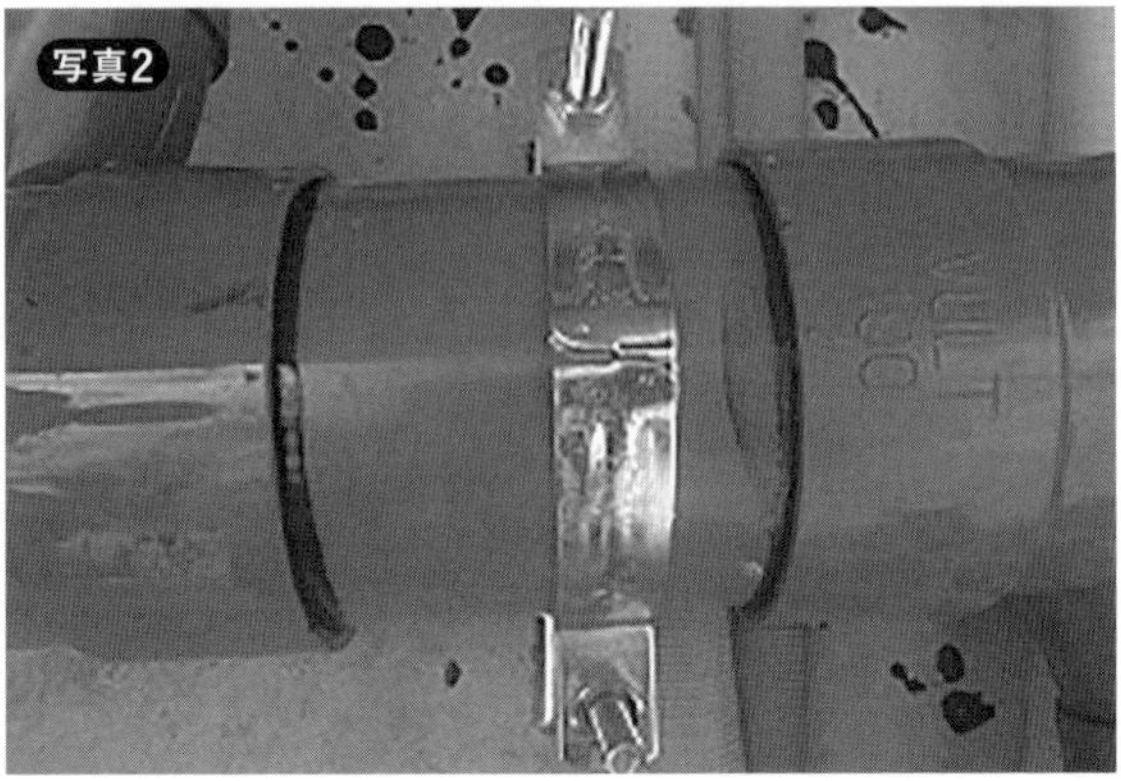
写真2

写真②は水道の排水管。接着剤は青く着色した仕様のものを採用している。目視できちんと接着剤が塗布されているかがわかりやすく、管理のしやすさを鑑みたものだ。こういった材料選定をしている会社は、施工管理に配慮していることがわかる。

■上棟検査レポート

写真3

含水率は大きく超過していた（写真③）。乾燥促進を図り、含水率が規定値以下になることを確認しなければ次工程へ進むことを許さないが、木造住宅では大半のケースで含水率超過が目立つ。

ホームインスペクター！
市村崇の現場チェック

■防水検査レポート

三井ホームは通常「ＶＦフェルト」というアスファルトフェルトで壁の防水層を構成するが、外壁仕様によっては「透湿防水シート」を採用するケースがある。別名「防水紙」と呼称するだけあり、紙のような材料で破損しやすいのがネックだ。検査では主に、写真④のような外壁貫通部の施工不良を指摘した。

このタイミングで現場監督がきちんと品質検査を実施しているケースは実に少なく、職人任せになってしまう現場もあるのが懸念事項の一つだろう。

■断熱検査レポート

写真5

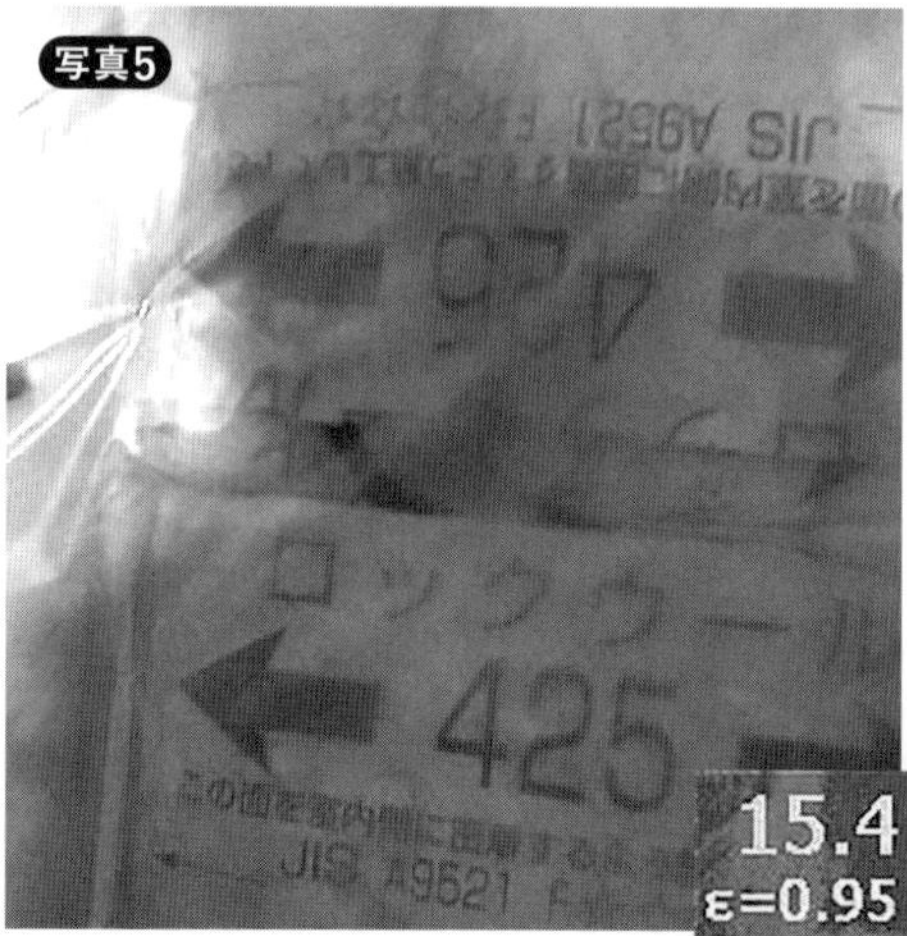

写真6

写真⑤のサーモ写真

断熱検査では赤外線カメラを使用して、隙間の有無を確認するが、充填工法の断熱材では「隙間が多い」のが実情である（写真⑤、⑥）。

職人の腕も問題だが、そもそも綿のような断熱材を隙間なく均一に充填するのが難しい。工期やコストを鑑みての工法選定ではあるが、きちんとした施工ができて初めて断熱性能が発揮されるのは言うまでもない

ホームインスペクター!
市村崇の現場チェック

■内部造作完了検査レポート

大工工事が完了した段階で実施するのが「内部造作完了検査」。特に大工のモラルとスキルに品質の良し悪しが左右される。

写真⑦はその際に指摘した石膏ボードの隙間だが、隙間というレベルではない残念な結果だ。当然、貼り替えを指示。もう一枚の写真⑧は、石膏ボード同士の段差である。

昨今の大工(職人)不足で、技量が足りない大工でも仕事があるのが業界の実情で、このような施工ミスは思ったより多いといっていい。

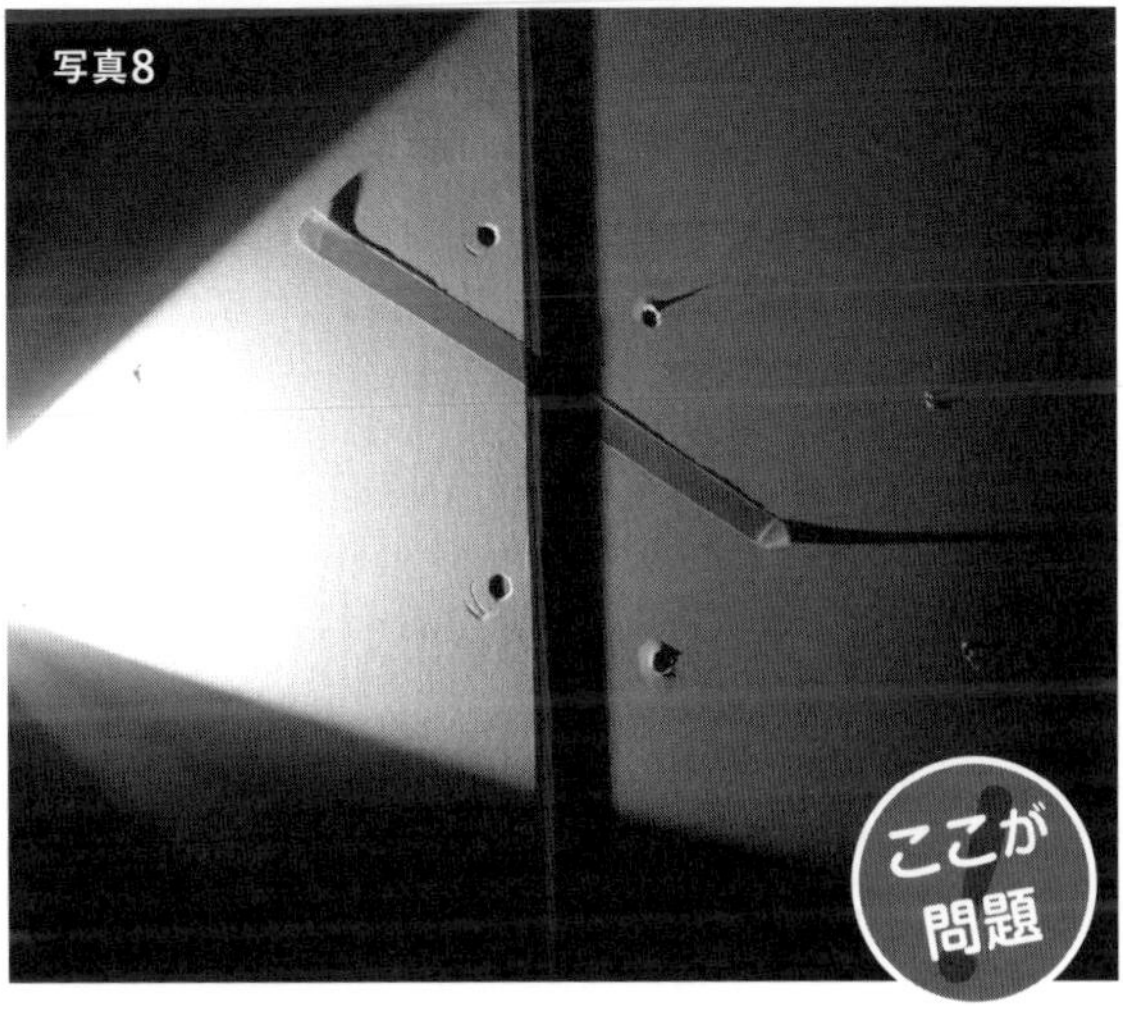

施主の感想・アドバイス

「一緒に家づくりをしたい」と思える、そんなメーカー担当者に出会えるかどうかがポイント

市村先生の書籍にあったとおり、営業や設計の方とは、長い付き合いになります。時には言いづらいこともお伝えしたりしました。それなので「この人と一緒に家づくりをしたい」と思う人に出会えるか、というところは大きなポイントかと思います。

ホームインスペクター・市村崇から一言

ツーバイでは、濡れ対策のためにパネル工法を一考

全体的に大きな問題のない現場であったが、枠組壁工法（ツーバイ工法）は、構造の組み立て工事（フレーミングと呼ぶ）の天候や工事期間、雨養生の仕方によって構造躯体が濡れやすいことがアキレス腱になるので、季節によっては、工場であらかじめ壁パネルを製作して現場搬入するパネル工法を検討したい。敷地状況によっては工法選択ができない場合があるので、必ず先に確認しておきたい事項である。

住友林業 木造（ビッグフレーム工法） 3階建 Hさん（愛知）

施工は良好だが、「準耐火建築物」への意識不足も

施主へのアンケート

Q 家づくりの動機は？

A 築40年超の耐震性がない家屋で、外壁修理や設備更新などリフォーム工事が必要となったので、改築の時期と感じた。

Q 検討したメーカーは何社？

A 3社。積水ハウス、ヤマダホームズと住友林業です。

Q メーカー決定の決め手は？

A 耐震性。耐震性が一番大事と考えていたので、最初は鉄骨にしようと思っていましたが、断熱性、気密性を勉強してみると、木

DATA BOX

施主	H様
ハウスメーカー	住友林業株式会社
竣工時期	2021年冬
地域	愛知県
仕様	木造軸組（ビッグフレーム工法）
階数	3階
敷地面積	約145㎡
延べ床面積	約185㎡
見積額	約6800万円

造家屋の方が優れていると理解できたのでＢＦ工法の住友林業に決めました。

Q 契約後、着工までに発生した問題点は？

A 断熱性、気密性に対して関心が低いように感じたので、設計の最終の所で北海道仕様に変更して断熱気密に力を入れて貰いました。

ワンポイントアドバイス

低層戸建て住宅では、工法による耐震性の優劣はあまりないと言っても過言ではありません。「鉄骨だから耐震性が高い」と思い込まず、フラットな考えで依頼先を選んで欲しいと思います。

Q 着工後、引渡しまでに発生した問題点は？

A 大きな問題は特にありません。非常に丁寧に施工してくれました。

ホームインスペクター! 市村崇の現場チェック

■調査結果まとめ

①上棟工事は基本的事項が守られており施工、管理状況ともに良好であった。
②本件は準耐火建築物であったが、火災時の耐火性能を満たせない施工状況が内外部ともにあり、性能担保への意識不足が否めない。
③是正は指摘後、修正され問題なく引渡しが遂行された。

■基礎配筋検査レポート

写真①は耐圧版（地面に接する底版）に鉄筋を２段重ねで組んでいく、べた基礎・ダブル配筋仕様の現場である。べた基礎配筋には「シングル」と「ダブル」という２種類の配筋方法があるが、一般的にはシングル配筋が多い。ダブル配筋組は使う鉄筋の量が多くなるため、指摘が増える傾向にある。

写真②は鉄筋と地面の捨てコンが近く、いわゆる「かぶり厚さ」が確保できていない指摘。鉄は水に弱くさびやすい材料のため、このような個所では規定通りの寸法確保が必須となる。

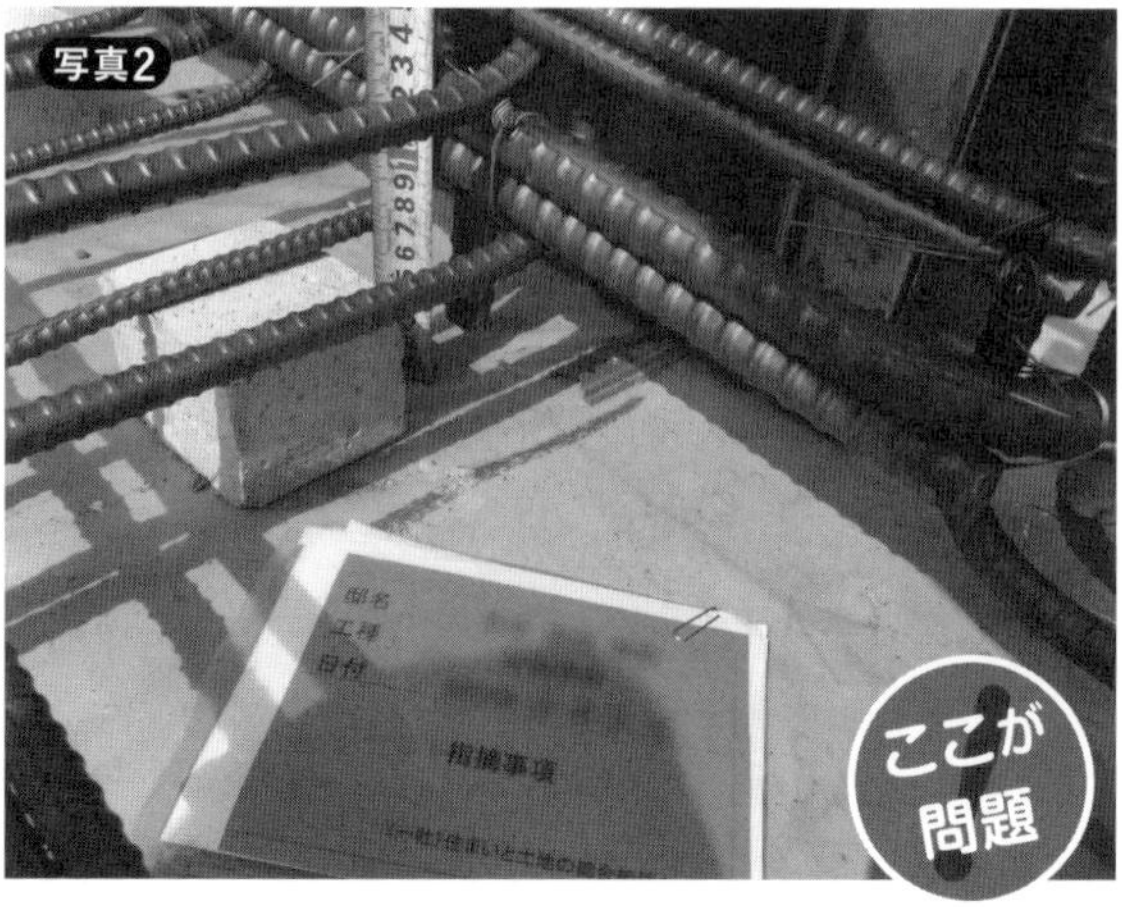

特にダブル配筋は鉄筋が多く、重量も増えるため下側のかぶり厚不足が多く散見される。

写真③は防湿シートの破れが未補修の様子。木造の住友林業の場合には「シロアリ対策」でもあるので、きちんとした補修が必要だ。

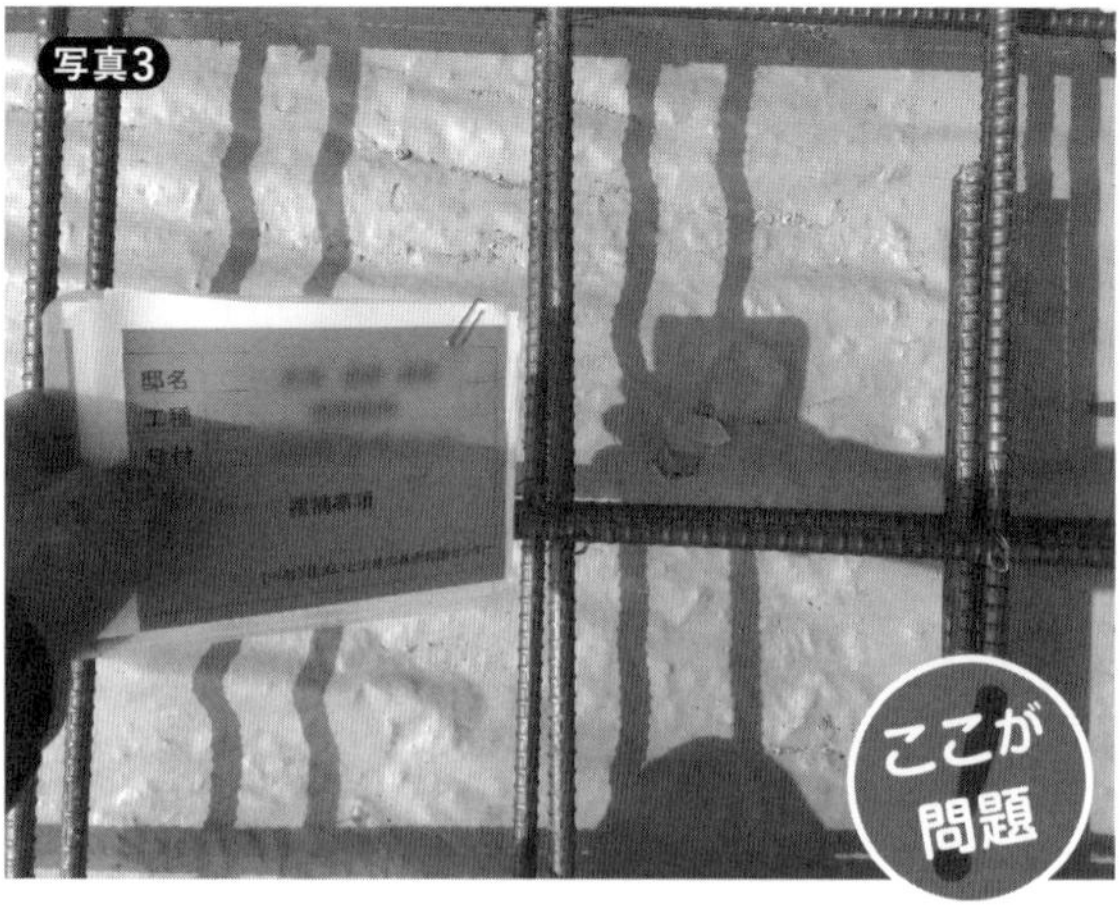

ホームインスペクター!
市村崇の現場チェック

■上棟検査レポート

写真4

現場の清掃や保全状態は見てわかる通り良好（写真④）。建築現場は３Ｓ（整理・整頓・清掃）が基本だが、厳しいことを言えば「注意すればだれでもできる作業」が片付けであり、当たり前の項目だ。３Ｓの行き届いた現場であれば品質に問題がないとは言えないが、その逆「現場が汚い、３Ｓされていない状況」であった場合には、どの建築現場でも「品質が悪い」と言い切れるだろう。

写真5

ここが問題

指摘は含水率超過（写真⑤）。建て方時（柱や梁の組み立て時）に雨に濡れないように配慮したつもりでも、やはり雨に濡れて含水率は高くなってしまう。

日本農林規格で定められている含水率を下回るのを確認できなければ、乾燥して適切な状況まで待つしかない。

ホームインスペクター!
市村崇の現場チェック

■防水検査レポート

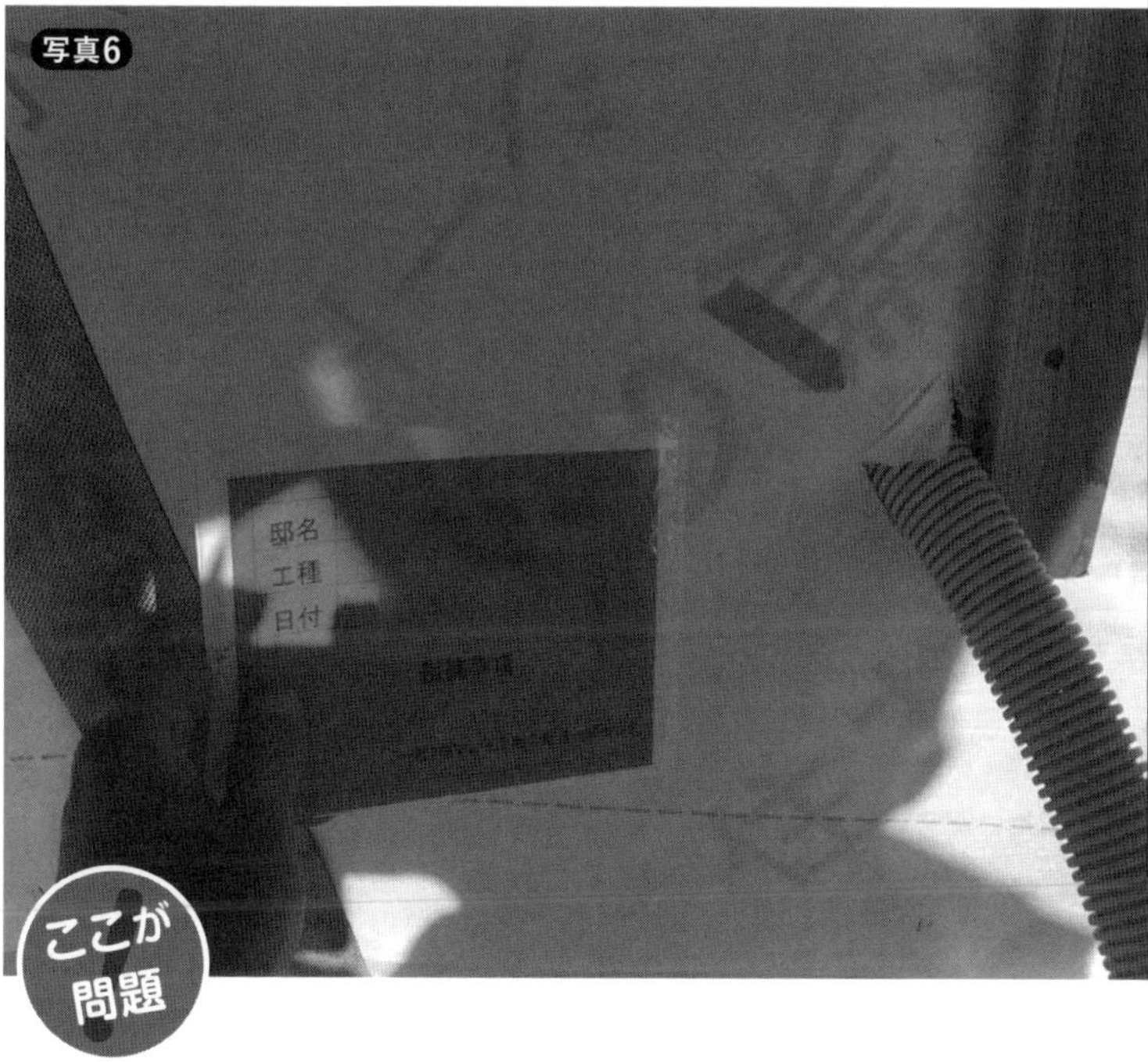

防水紙は社名入りの透湿防水シートを標準採用している。材料が紙のように薄く、水は通さず通気ができる材料特徴だが、その名の通り破れやすいので、取り扱いに注意が必要な代物である。

これまで実施した住友林業のインスペクションでは、基礎工事に次いで防水工事の指摘数が多い傾向にある。破損以外では、貫通部の処理に注意したい。貫通部の配管周りに防水材を施工していない箇所（施工忘れ）があったため指摘した。(写真⑥)

写真⑦はパイプを固定しているビスを問題視しているもの。ビスがパイプの下側に打ち込まれているのがわかるが、万が一雨水が浸入した際には、構造躯体に雨が浸水しやすい箇所に穴をあけるのは配慮不足。

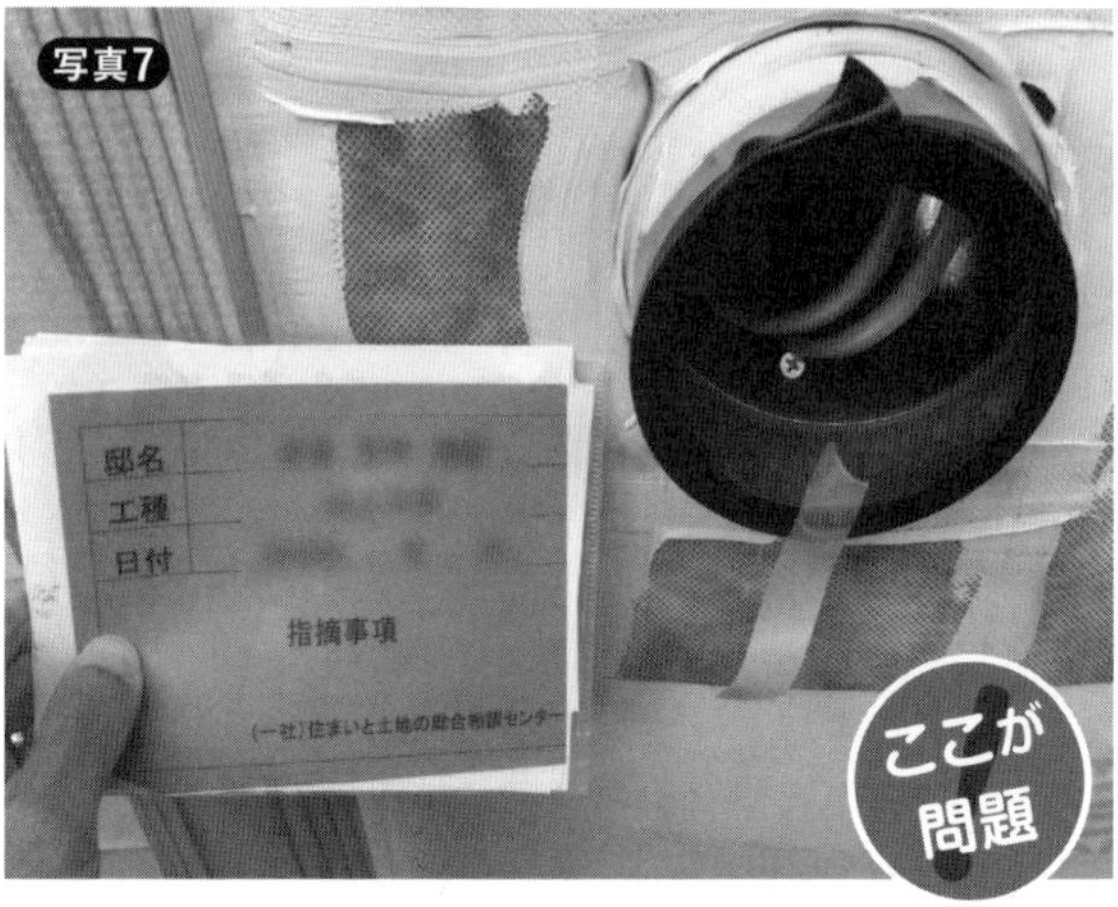

■内部造作完了検査レポート

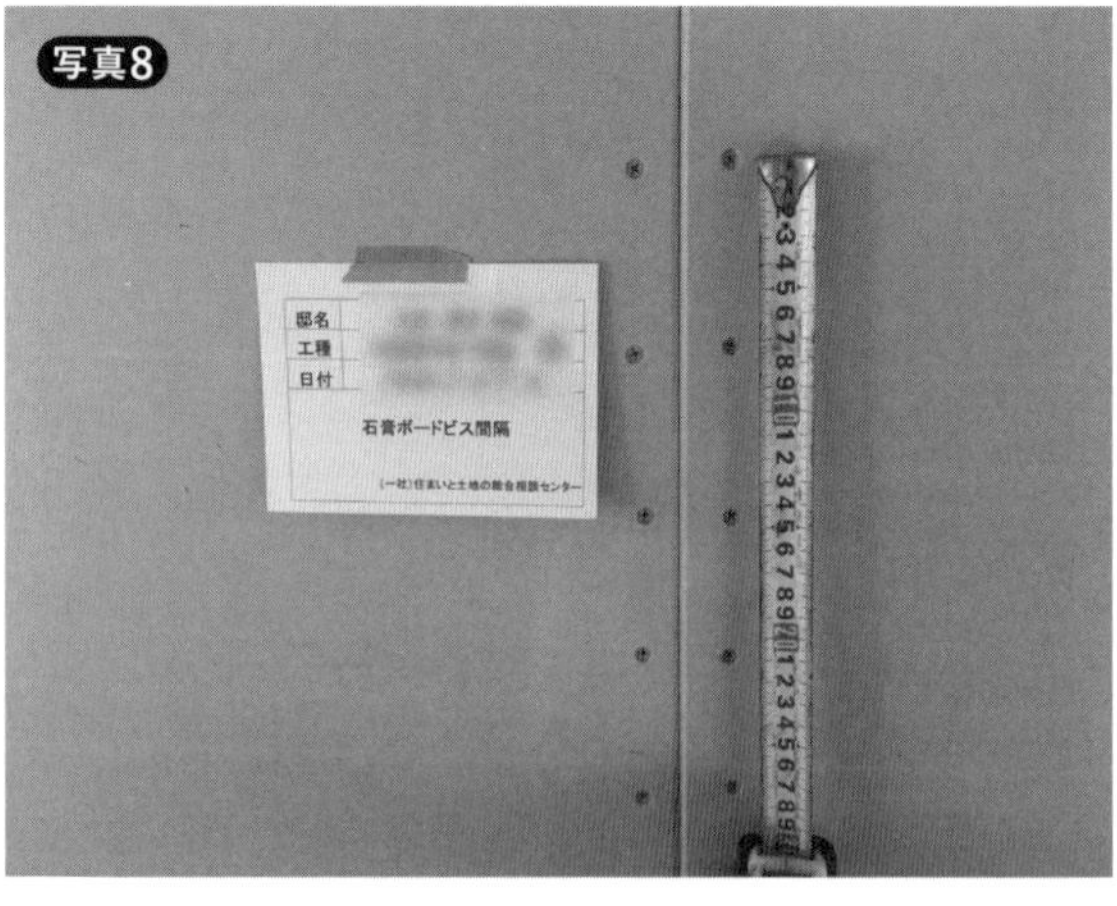

写真⑧は石膏ボードの留め具（ビス）の施工を確認したものである。ビッグフレームは大きな柱を使う工法で、その箇所はビス打ち間隔が半分（一般部は150㎜以下、BF柱部分は75㎜以下：2020年時点）になる。

ホームインスペクター! 市村崇の現場チェック

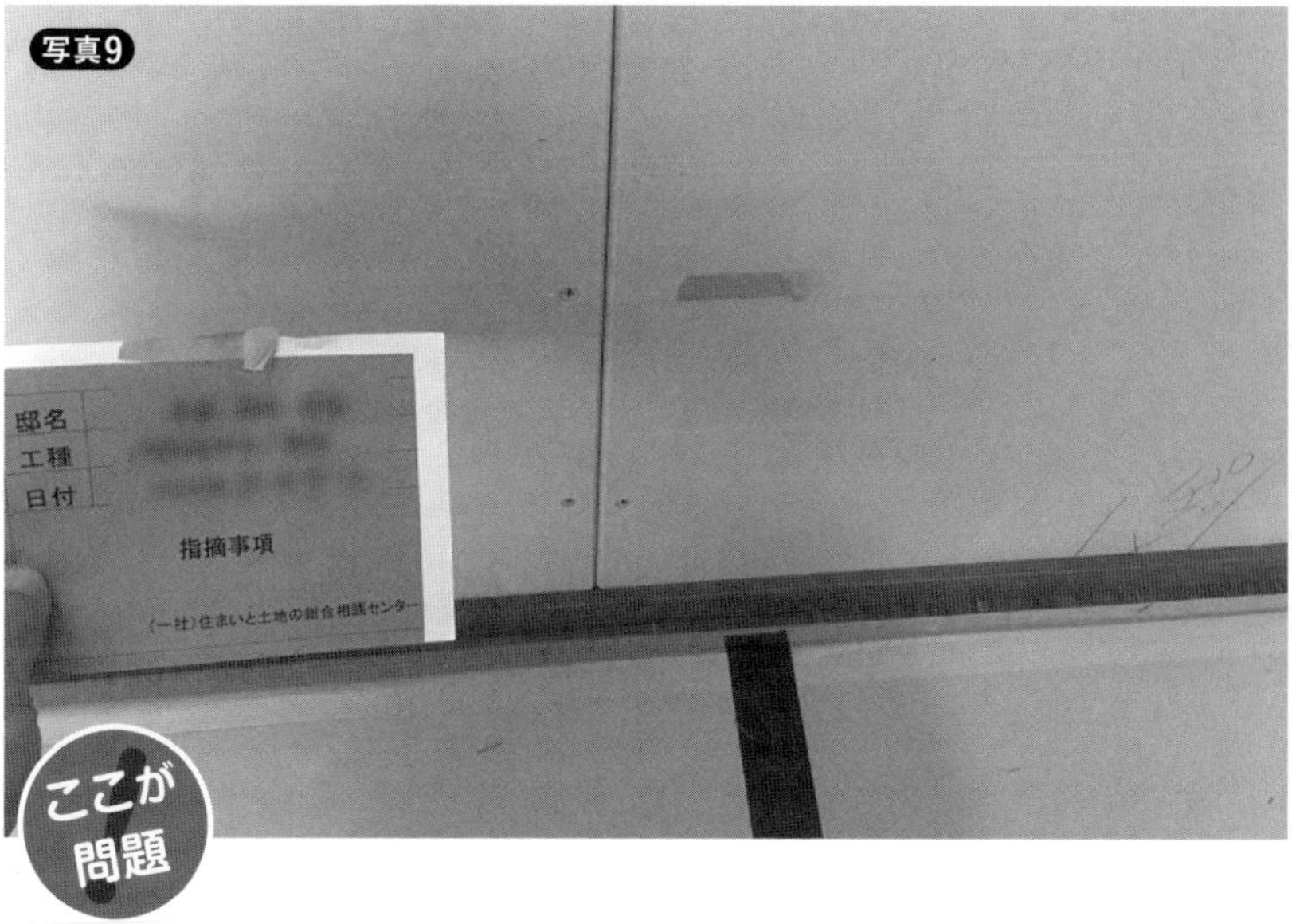

ビスの打ち忘れが多く、指摘数は結構な箇所となった(写真⑨)。昔ながらの工法(軸組=在来工法)は、いわゆる大工さんを「棟梁」と呼び、棟梁が現場を仕切っていく。言い換えると大工さんにお任せな現場監督がいまだに一定数いるのが現実で、社内検査をしっかり行えていない状態のようだ。

特に本件は「準耐火建築物仕様」で、石膏ボードのビス打ち規定が細かく決められているが、1階の天井石膏ボードのビス打ちがすべて不足状態であった。規定本数を増し打ちするように是正指示を行い、多くのビスを追加で打つことになった。軸組工法の住友林業は「大工のスキルとモラル」、現場監督の「徹底した管理」が、特に品質確保の肝と言えそうだ。

施主の感想・アドバイス

施主こそ〝現場監督！〟。そんな気持ちで家づくりに臨んで欲しい

施主自身が、現場監督の様になって現場に足を運び大工さん達と仲良くなって、施主がどんな家を望んでいるか、熱心に話をして理解してもらう事です。特に気密は大工さん次第です。また、家の施工の勉強をしっかりして下さい。今ならネットで家作りのブログやユーチューブを覗いて下さい。とても勉強になりました。

最後に、私は、家作りインスペクションのプロの先生に基礎配筋から基礎完成検査、上棟構造検査、防水検査、断熱検査、等々肝心な所はお願いしました。プロのチェックが入る事で、施工会社も頑張ってミスのない仕事をします。施主の皆さんの頑張りで、納得できる家を作って下さい。

ホームインスペクター・市村崇から一言

施工は良好だが、基礎と防水工事に要注意

木造軸組工法の大手ハウスメーカーらしく、大工の施工状況は良好。社内マニュアルもしっかりと整備されており、一定の安心感があります。一方で、大工以外の工事のうち、特に「基礎工事」と「防水工事」に指摘が多いのはこのメーカーの特徴といっていいでしょう。

住友林業

木造（ビッグフレーム工法）

2階建

Mさん（東京）

施主さんを戸惑わせたのは見積り。ハウスメーカーの「標準仕様」に要注意

施主へのアンケート

Q 家づくりの動機は？

A 元々住んでいた家の老朽化（築45年）。今回は建て替えです。

Q 検討したメーカーは何社？

A 3社。住友林業、住友不動産、積水ハウス（シャーウッド）。

Q メーカー決定の決め手は？

A 設計提案力・担当営業の応対。

Q 契約後、着工までに発生した問題点は？

A 見積金額の増額。契約時の見積りには最低

DATA BOX

施主	M様
ハウスメーカー	住友林業株式会社
竣工時期	2020年春
地域	東京都
仕様	木造（ビッグフレーム）
階数	2階
敷地面積	約150㎡
延べ床面積	約100㎡
最終総額	—

施主へのアンケート

ラインの設備、素材しか含まれてなかった。

ワンポイントアドバイス

大手ハウスメーカーでは「標準品」での見積りが基本です。この「標準品」が厄介ですね。あくまでもその住宅会社が標準設定しているだけですから、皆さんが当たり前と思っているレベルと乖離していることもよくあります。ハウスメーカーは契約を取らないと話になりませんから、最初の見積もりはあまり高く出せない……ということが、このような営業手法になってしまっている原因の一つです。

Q 着工後、引渡しまでに発生した問題点は？

A 大きな問題はなし。ホームインスペクションを入れることを伝えていたからかわかりませんが、大工さん、他外部の業者の方も丁寧な作業、対応をしてくれたと思う。細かい点でいうと、着工合意時の内容が反映されてない点がいくつかあった。ピクチャーレールやポストの仕様など細かいところ。もちろん後追いで対応いただきましたが。

Q ご入居後の満足度、または問題点は？

A 満足。現状問題なし。引き渡し後の点検、不具合のヒアリング等しっかりしてくれた。

ホームインスペクター！ 市村崇の現場チェック

■調査結果まとめ

①全般的には、大きな問題はなかった。
②検査依頼や是正報告も問題なし。
③含水率が下がらずに再検査を実施した。

「冬季の基礎工事は気温が低いけど大丈夫か？」という質問をよく受けますが、首都圏ではさほど気にすることはありません。雨も少ない季節ですから、コンクリートの打ち込み・養生に配慮すればいいでしょう。

丁寧に施工されていた（写真①）。水道配管のために鉄筋を切断したが、補強の鉄筋入れ忘れの指摘（写真②）。写真のセンター上部に貼ったテープの位置に鉄筋を追加するように指示。

■基礎配筋検査レポート

ホームインスペクター!
市村崇の現場チェック

■上棟検査レポート

写真3

ビッグフレームの特徴は、部材断面寸法の大きな柱で梁を支える梁勝ちラーメン工法だ。重要管理の一つとして、柱の施工状況確認が挙げられる。垂直精度や柱のボルト固定が適切に施工されていたことを確認した（写真③）。

ただ、現場の清掃状況が徹底した様子とは言えず、気になる点であった。現場がきれいであれば品質がいいとは言い切れないが、その逆つまり「現場の整理整頓が行き届いていない現場は施工不適数が多い傾向にある」のは過去のインスペクション経験からわかっている。掃除は技術的な問題ではなく、監督や職人モラルの影響が大きいので注意を要したいところだ。

写真は上棟検査時での含水率超過の様子（写真④）。木造の含水率管理の徹底は大手のハウスメーカーでも出来ていないのが実情だ。

　上棟時から約３週間が経過して、やっと規定値以下(写真⑤)。乾燥した時期でありながら、相当期間を要することがわかるが、梅雨時など湿度が高い時期は、乾燥にはかなりの時間がかかり全体的な工期にも影響を及ぼすことがある。

ホームインスペクター!
市村崇の現場チェック

■防水検査レポート

木造住宅の2次防水は一般的に透湿防水シートを使う。現場では「防水紙」と呼ばれるもので紙のような防水材料なので(写真⑥)、破損しやすく取り扱い注意といえる。

よくある指摘は外壁貫通部。写真⑦のような設備の為に外壁に穴をあける部位のことだが、防水テープの貼り方など指摘は尽きない。

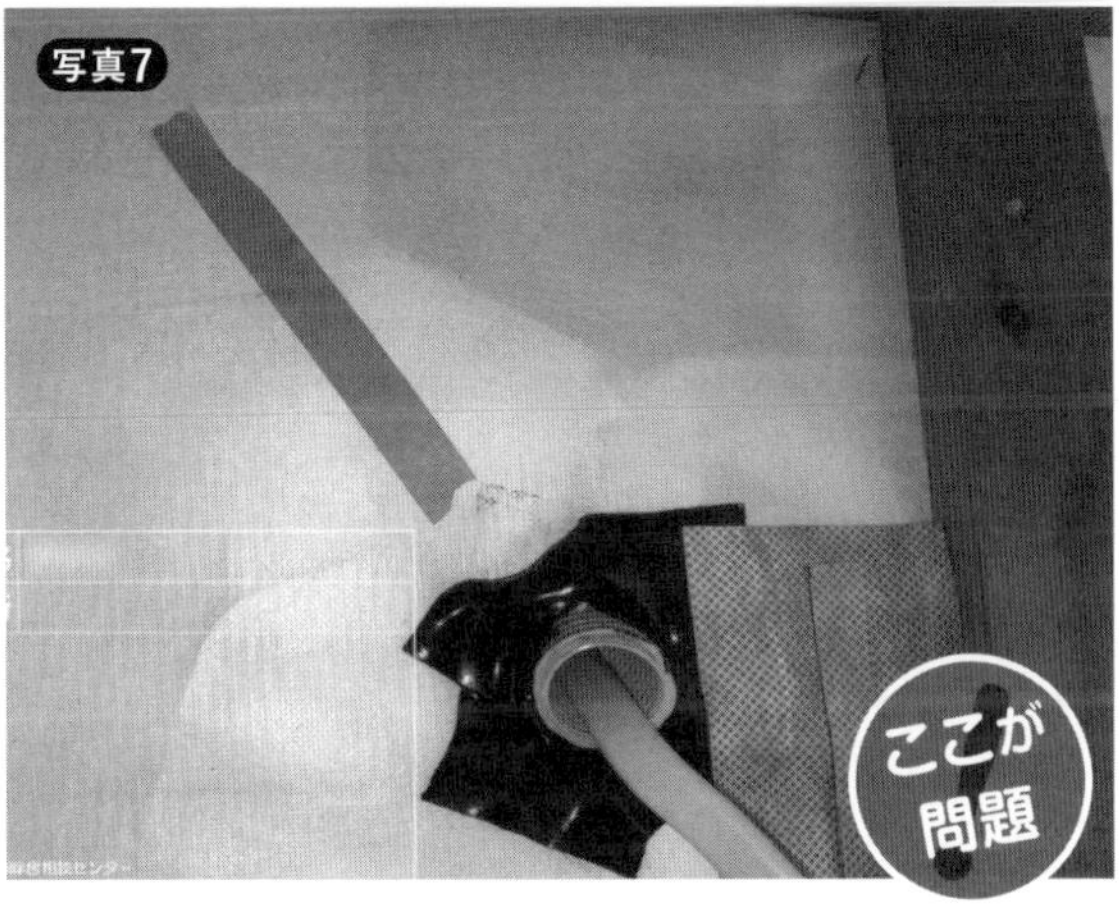

壁は充填系のグラスウールを採用(写真⑧)。職人の技量にもよるが、写真⑨のように隙間が散見される工法なので注意が必要。

■断熱検査レポート

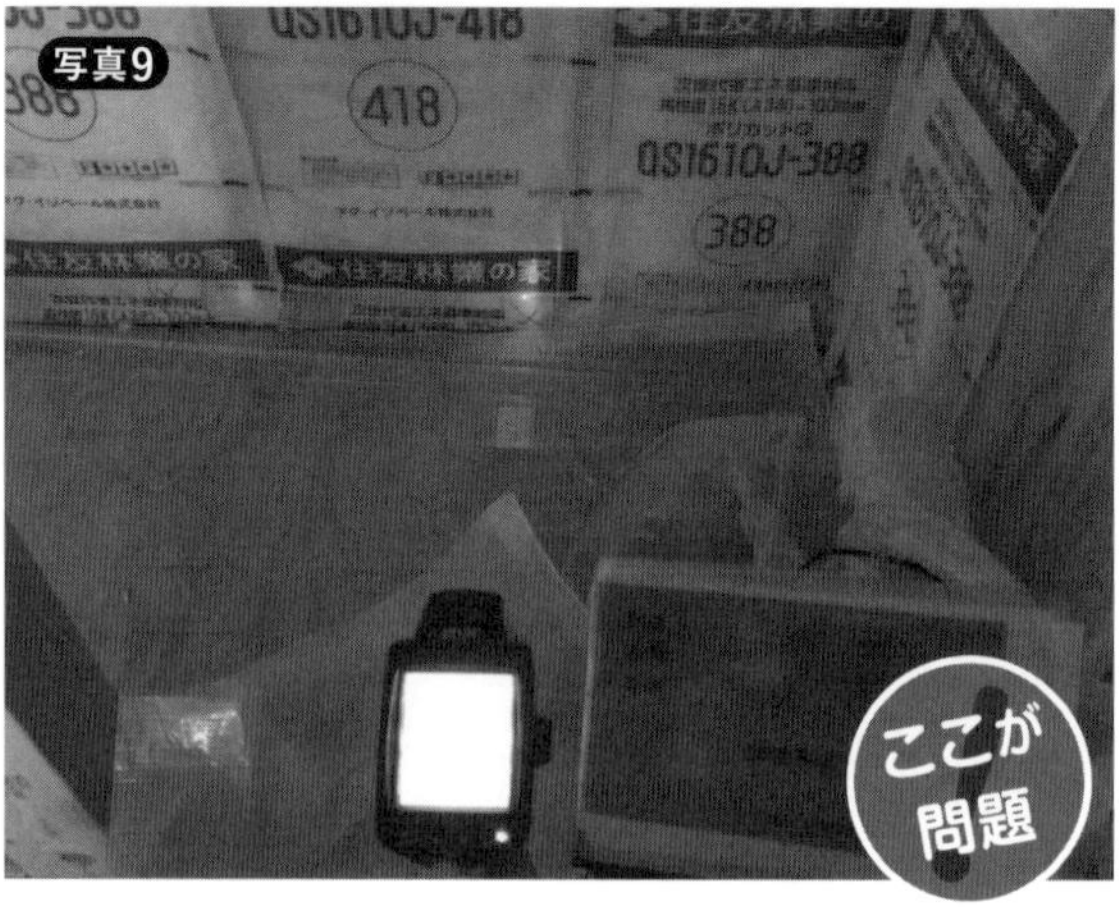

施主の感想・アドバイス

メーカーとのやりとりで根気負けしないこと

時間と資金の余裕を持って進めてください。メーカーは早めに3社くらいに絞って、モデルハウスをよく見て、できれば複数の営業担当と会う。契約から着工合意、さらに引き渡しまで半年近く頻繁に打ち合わせをしなければいけないので、営業担当、もしくは設計担当者の相性も大事だと思います。また契約から最終見積りまで10～20%は上がるものと考えておいた方が良いと思います。

打ち合わせを回数重ねると疲れてきて最後の方はエイヤで決めてしまいそうになりますが、着工合意までは気になることがあればとにかく聞いて納得して決めていった方がよい。設備や内装、外壁など必ず現物をみて決める。

また、可能な限り建築現場を見にいった方がよいと思います。大工さんなど現場の方ともコミュニケーションとれるし、監視というわけではないけど、頻繁に立ち合いした方が緊張感も生まれると思うので。

ホームインスペクター・市村崇から一言

含水率以外は良好な現場

構造躯体の含水率が高く、再検査を要した現場ですが、全体的には良好な現場と言えるでしょう。

ダイワハウス　重量鉄骨　3階建　Kさん（東京）

ハウスメーカー共通の問題点、断熱工事の問題が浮かび上がった現場

施主へのアンケート

Q 家づくりの動機は？

A 相続対策。

Q 検討したメーカーは何社？

A 大和ハウスとセキスイハウス、ミサワホーム、大東建託の４社。

Q メーカー決定の決め手は？

A ブランド力。

Q 契約後、着工までに発生した問題点は？

A 何千何万軒のうちの１軒という扱いのハウ

DATA BOX

施　主	K様
ハウスメーカー	大和ハウス工業株式会社
竣工時期	2021年冬
地　域	東京都
仕　様	重量鉄骨　賃貸併用住宅
階　数	3階
敷地面積	約210㎡
延べ床面積	約335㎡
最終総額	—

スメーカー側の意識と、一生に1軒か2軒の買い物なので、できるだけいいものを作りたいという施主側との意識GAPが大きく苦労した。特に、なかなか欲しい情報を開示して頂けず、自分で勉強して1つ1つハウスメーカー側に指摘しないといけなかったのが負担だった。

住宅会社は、質問すれば答えてくれますが、逆に言えば「聞かないと教えない」のが基本姿勢です。営業マンとしては、特に悪意なくやっていると思いますが、家という商品をすべて細かく説明する能力がない、時間がないということだと思います。他の方もおっしゃっていますが、「自分で勉強する」というのが一番の予防策です。

Q 着工後、引渡しまでに発生した問題点は？

A コロナもあり、なかなか建築現場に行くこともできない中、ハウスメーカー側からの情報開示がなく、不安があったので第三者検査機関を起用し、合計6回Audit（検査）してもらった。

ホームインスペクター！
市村崇の現場チェック

■調査結果まとめ

①全般的には、大きな問題はなかった。
②検査依頼や是正報告も問題なし。
③是正は指摘後、修正され問題なく引渡しが遂行された。

賃貸併用住宅の重量鉄骨スカイエの現場。検査を通して現場の印象としては、担当監督は検査予約や是正報告などの連絡について問題はなく、基本的に誠実に対応していた。

各工程における現場職人については、ある一定の技術力があり、指摘事項をその場で是正する意識などモラルも高い現場だった。

ホームインスペクター!
市村崇の現場チェック

■基礎配筋検査レポート

基礎配筋検査時には地業工事の高さについて問題がないか（設計図書の設定より高くないか）ＢＭ（ベンチマーク）を確認し、理論値を出してから、現場施工状況を確認しているところ（写真①）。

測定箇所すべてで安全側の数値となっており、合格であった。もしここで不合格になってしまっていた場合、大がかりな現場是正や構造設計者確認が必要になる重要な確認項目の一つだ。

■基礎完成検査レポート

大きな不具合はなく、施工状況は良好と言っていいだろう。写真②は鉄骨の柱が載る場所を撮影したもの。重量鉄骨造なので、アンカーボルトも相応にごつい。

コンクリートの仕上がり状況でいくつか指摘が上がった。軽微なコールドジョイントや気泡によるジャンカが見受けられた(写真③)。

コンクリートの流し込みは、ミキサー車で運搬された生コンを現場で流し込む作業。基礎が大きい（1階の面積が大きい等）と、ミキサー車の運搬～流し込み～生コン締め固めに時間がかかるケースがあるため、施工計画をきちんと立案できるかも施工店の実力次第。

ホームインスペクター!
市村崇の現場チェック

■ 上棟検査レポート

写真4

鉄骨の組立作業が終わった段階で上棟検査を実施した様子（写真④）。

鉄骨造の躯体（柱や梁などの構造部分）精度は、基礎に大きく影響される。基礎の水平精度が良好であれば、上部構造にはさほど大きな狂いは発生しないが、基礎の水平に問題があると鳶の腕ウンヌンということではなくなってしまうため、前段階での管理が大変重要である。

写真5

写真⑤は断熱材のフィルムが破損している様子。
この段階以降も、作業をしていく中で同様の破損が目立ったため、発見した段階で都度指摘を繰り返すこととなる。正直、仕様（材料種類、作り方含めて）には疑義が残る。

■断熱検査レポート

天井はグラスウール敷き込みの断熱工法だが、指摘が多かった。天井下地は木材を井桁に組み上げるのが標準だが、断熱材の敷き込みは「やりにくい」の一言である。こういったやりづらい工事内容は、えてして指摘が多くなるいい例と言えよう（写真⑥）。現在、大手のハウスメーカーで天井下地を井桁に組んでいるのはほとんど目にしない。

写真6

断熱材は隙間があると一気に断熱性能が悪くなる（写真⑦）。いかに数値上、性能がいい材料を選択しても、このような状況では本来の性能は発揮できない。

写真7

ホームインスペクター！
市村崇の現場チェック

■内部造作完了検査レポート

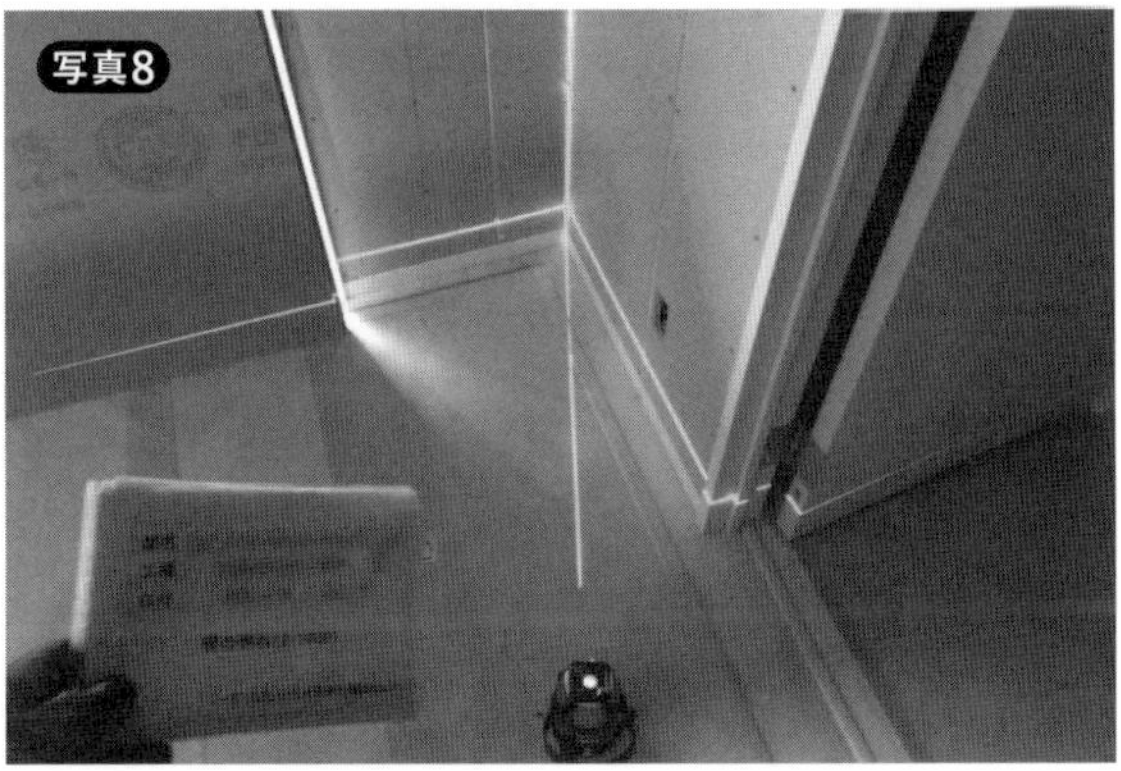

大工工事が完了した段階で内部造作完了検査を実施した。写真⑧は壁がまっすぐになっているかをレーザー機器で確認している様子。

ダイワハウスを含む大手鉄骨メーカーでは「カットボード」を採用する流れになっている。カットボードは石膏ボードをあらかじめ工場で切断したものを現場に搬入し、大工は「ただ単に貼る」という作り方だ。

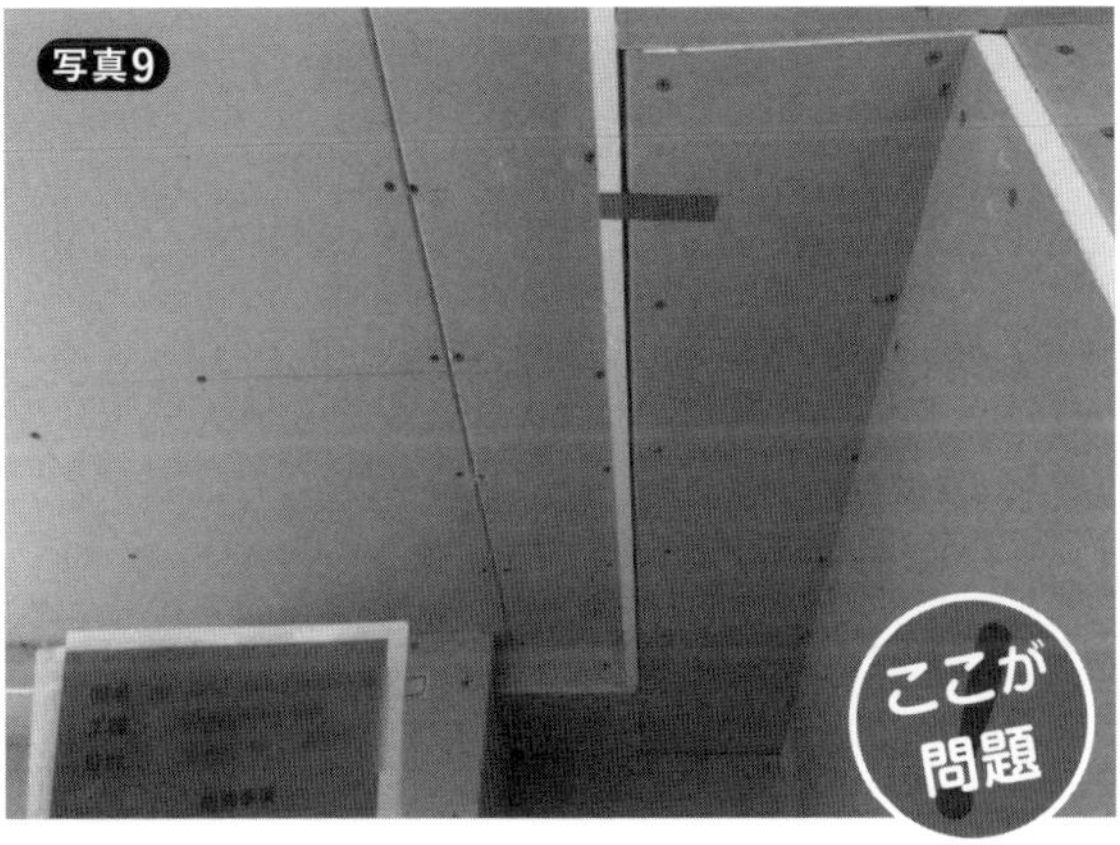

カットボードを「貼るだけ」と言っても実際の現場ではそう上手くはいかない。どうしても材料同士の誤差が生じるので、写真⑨のような隙間が目立つこととなる。

施主の感想・アドバイス

自分にあったメーカーを見つけること、信頼できる担当者と出会うこと。これが最も重要です

ハウスメーカーはどこも得意不得意があるかと思うので、自分にあったところを見つけることが重要かと思います。さらに重要なのは、この人となら一緒にいい家を作れる、と思う担当者に出会えるかだと思います。

ホームインスペクター・市村崇から一言

基本的には合格の現場だが、多くの現場に共通の問題はやはりある

現場の監督や職人のスキル、モラルに問題はなく、施工は比較的スムーズに進んだ現場だったが、写真で説明したように、大切な断熱工事に問題がありました。断熱材の入れ込みをパーフェクトにやり遂げる現場は少なく、それほど難しい工事だが、ここをしっかりやるかどうかは住み心地に直結するものなので、このメーカーに限らず、意識を高めて欲しいものです。

住友不動産 ツーバイシックス 2階建 Kさん(埼玉)

担当者の交代、現場連携の悪さ、見積変更、納期遅れ……トラブル続きの家づくり

施主へのアンケート

Q 家づくりの動機は?

A 3年以内にマイホームを持ちたいという目標があり、3年間限定の定期借家契約のマンションに住んでいたため、積極的に土地探しをしていたところ、運よく条件の揃った土地が見つかり、購入に至ったため。

Q 検討したメーカーは何社?

A 4社です。住友不動産、ミサワホーム、アイフルホーム、クレバリーホーム。

Q メーカー決定の決め手は?

A 価格、ブランド力、価格と住宅性能のバラ

DATA BOX

施主	K様
ハウスメーカー	住友不動産株式会社
竣工時期	2019年春
地域	埼玉県
仕様	木造(ツーバイシックス)
階数	2階
敷地面積	約110㎡
延べ床面積	約105㎡
見積額	2100万円台

ンス。

Q 契約後、着工までに発生した問題点は？

A ① 契約前はプラン（間取り）の提案が早かったですが、契約後、担当営業とのプラン（間取り）の打ち合わせ内容が平面図に修正されるまで時間がかかりすぎました。1週間おきに打ち合わせをしていましたが、2週間経っても2週間前に打ち合わせた内容が修正されていないこともありました。このため、必要以上に打ち合わせをすることになり過度の負担となりました。原因は、住友不動産が設計事務所に外注しており、そことの連携・連絡がスムーズに行われていなかったからだと考えています。

② 着工直前に担当営業が退職し、急遽、営業所長が担当になりました。これまでの打ち合わせ内容を再度説明し、営業所長も最初からすべてを確認することになり、時間を浪費しました。このため、着工が2ヶ月も遅れてしまいました。

③ ②の結果、これまで退職した営業担当から提示されていたオプション部分の見積金額が過少誤りであったことが判明し、百数十万円の追加費用がか

施主へのアンケート

かると着工直前に営業所長から言われました。すでに住宅ローンの本審査は完了していましたし、住友不動産の不手際によるものなので追加負担には応じられない旨を伝えたところ、追加負担なしで決着しました。

Q 着工後、引渡しまでに発生した問題点は？

A ① 現場監督（住友不動産の社員）と実際に工事を担当する協力会社の連携（報告・連絡・相談）が取れておらず、協力会社任せになっていた印象です。現場監督とその上司（二級建築士）の目が行き届いていないと感じました。そのため、インスペクションでは施工不良が多数見つかりました。

② 建築現場に資材のゴミが散乱し、汚かったです。現場を見に行く度に自分で掃除をしました。

③ 工期に遅れが生じ、引渡しも当初予定月から遅れることが見込まれましたが、住友不動産側がなんとか間に合わせるということで、予定月月末に引渡しとなりました。無理のある工期になり急ピッチで内装工事を進めたためなのか、完成時検査で施工不良が多数見つかりました。

④　役所に提出する申請書類の住所（私の住所）に誤りがあった状態で申請されていることが、引き渡し時の受け取りファイルで発覚しました。申請書類もまともに作成できない会社なのかと思い、失望しました。

ワンポイントアドバイス

よくあるトラブル事例ですが、大きい会社は人事異動と引継ぎがネックになります。よく「営業マンが良かったから契約した！」と聞きますが、営業マンが着工までに転勤しない確約はないでしょう。もちろん、営業マンの人柄が良いに越したことはありませんが、それだけで人生最大の買い物を決定するのはいかがなものかと思います。

Q ご入居後の満足度、または問題点は？

A

①　玄関タイルやクロスの貼り方が雑な箇所があります。無理のある工期で急ピッチで内装工事を進めたことが原因だと思っています。

②　ツーバイシックスですが、真冬は室内が10℃を下回るときがあります。もっと断熱性があると思っていましたが、意外と寒いと感じました。

③　１年点検で補修箇所が見つかり、アフター担当が社内部署で確認することになっていますが、１カ月経過しても確認結果の連絡がありません。アフター対応は迅速ではないため、気長に待ちます。

ホームインスペクター！市村崇の現場チェック

■調査結果まとめ

①基礎工事の着手時期から資料（図面など）整備が不十分で工期が遅れがちの現場であった。
②上棟工事は釘打ちなどの基本的事項が守られておらず再検査が必要になった（是正報告には大きな問題なし）。
③工程組がうまくいかず、工事終盤の工程進捗を急ぐ感じであった。

■基礎配筋検査レポート

道路よりも敷地が高く（写真①）、一部深い基礎を計画するため、基礎配筋検査が２回必要となった。

写真1

写真②は、鉄筋と地面の捨てコンが近く、いわゆる「かぶり厚さ」が確保できていない指摘。鉄は水に弱くさびやすい材料のため、このような個所では規定通りの寸法確保が必須となる。

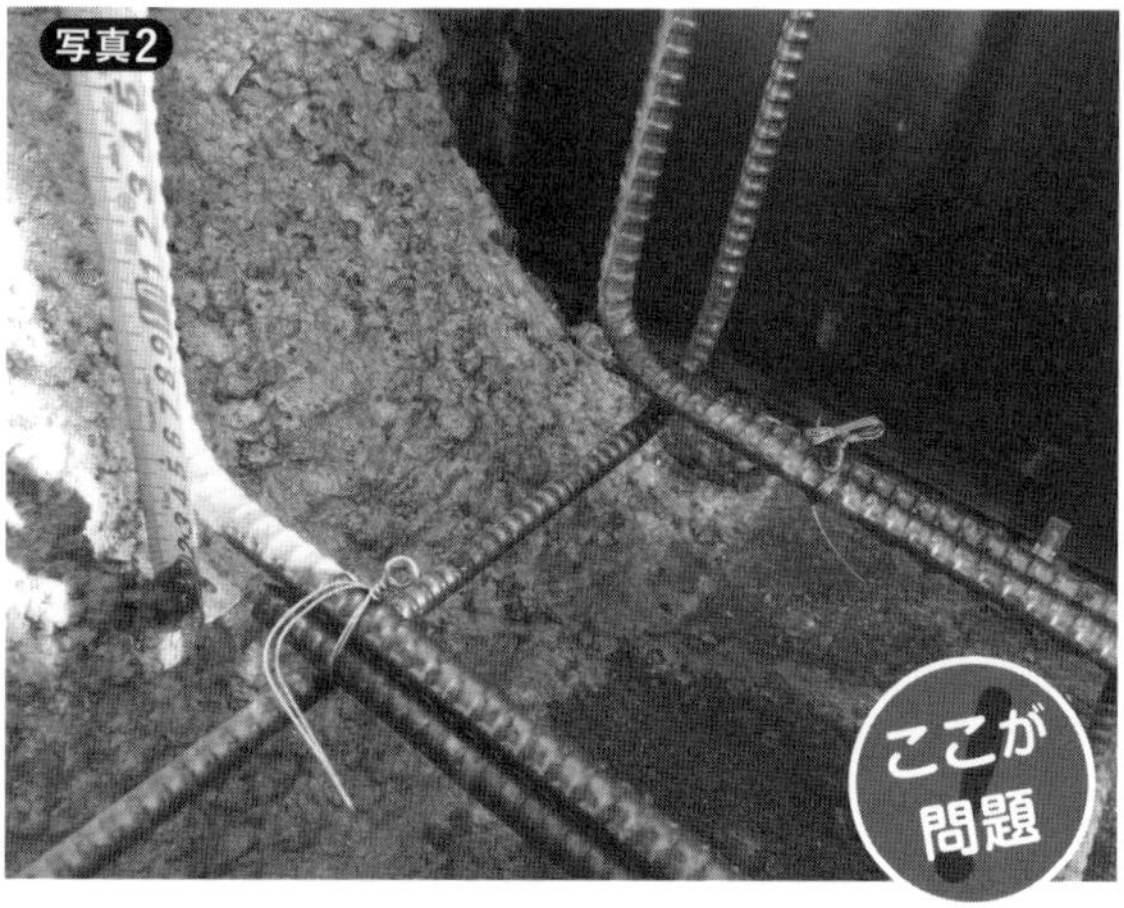

写真③は２回目の検査時に撮影。先に流し込んだコンクリートに、軽微なひび割れが見受けられる。コンクリートの押さえ不足が原因でこのような現象が発現することが多い。

ホームインスペクター！
市村崇の現場チェック

■基礎完成検査レポート

水道業者の仕事を現場監督がチェックをしないケースが多いため、写真④のような勾配（傾き）不足が指摘事項に挙がることがあるが、これもそのケース。

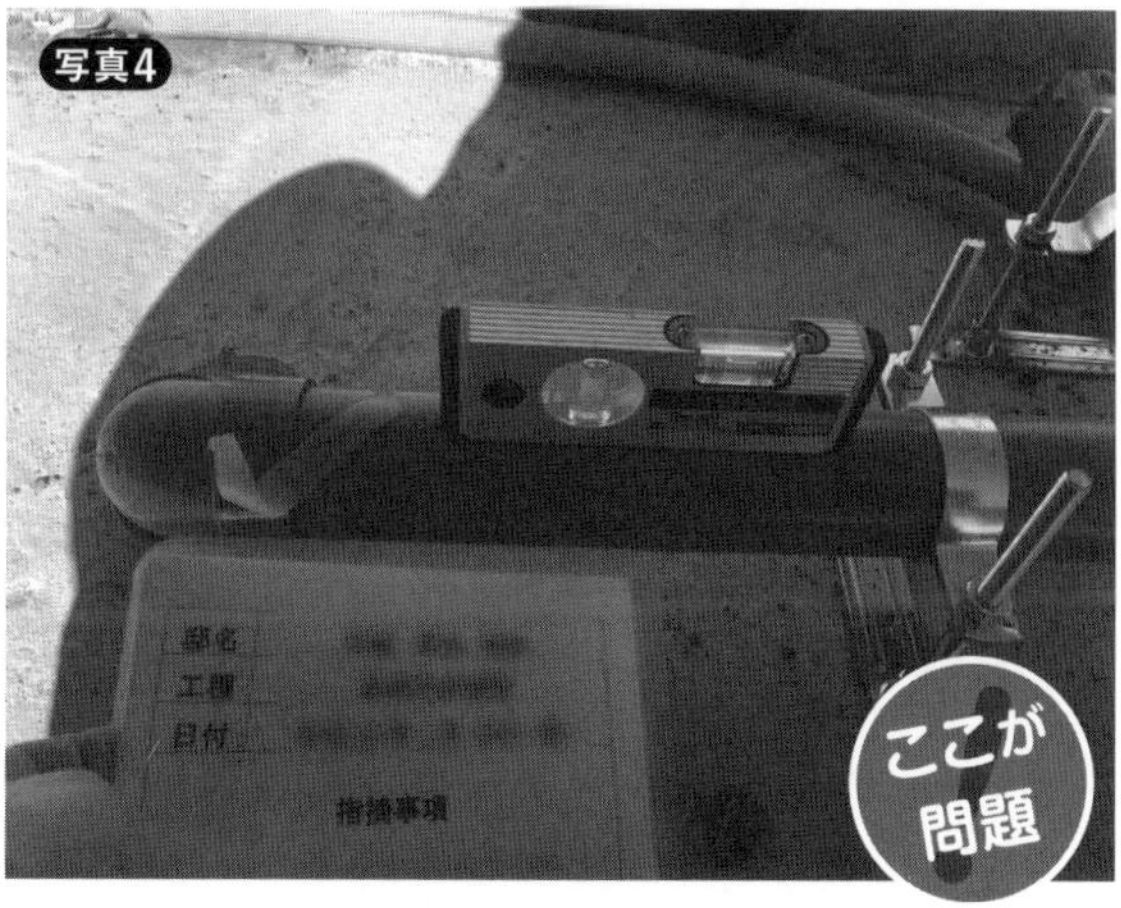

■上棟検査レポート

上棟検査を受けられる状況ではなく、再検査となった。基本的な施工ができていない状況で、大幅な手直しが必要となった。写真⑤は屋根の防水、ルーフィングだが固定するステープルの数が多すぎる。「穴をあける行為＝雨漏れの危険度が増す」というのは基本。

写真⑥は、外壁の構造用面材の釘打ちの様子だが、打つ間隔などがNGでほぼ全周に手を加えないといけない状態であった。

枠組壁工法は外壁面材の釘打ちは重要管理項目。工事を急いでいることも起因しているが、そもそも職人のスキルやモラル不足気味の現場であった。

再検査においても釘の施工不良が散見されたため、立ち合いですべてその場で是正していくこととなった（写真⑦）。

ホームインスペクター！
市村崇の現場チェック

■断熱検査レポート

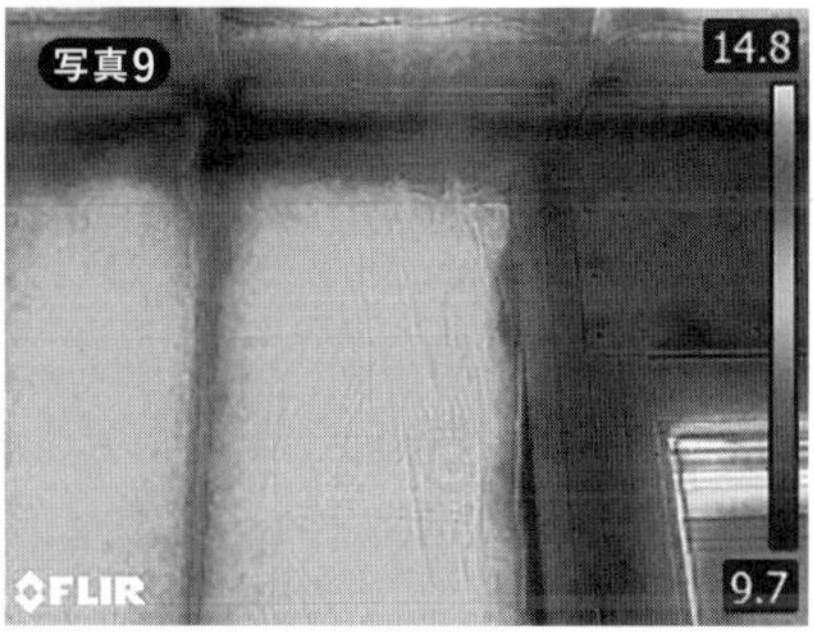

写真⑧のサーモ写真

充填工法である壁の断熱材とともに、ネオマフォームを使用する屋根面の断熱施工も隙間が多い。こういった部分でも「急ぎ工事」では、雑な部分が目立ってきてしまう一例だろう（写真⑧、⑨）

■竣工検査レポート

写真10

全体的に仕上げ状況の粗さが否めない。何とか工期を守って……といった印象を受けた。写真⑩はドアのレバーハンドルの台座が斜めの様子。

工期遅延はあってはならないのだが、昨今の天候不順などで「仕方がない」ケースもあるだろう。現住まいの売却条件などは別だが、引渡しが後ろにずれても金銭解決（仮住まい延長による費用発生など）できるのであれば、ハウスメーカーと早めに相談したほうがいい面もある。

施主の感想・アドバイス

家づくりはわからないことだらけ 第三者に相談して有益な情報を得てください

家づくりは、多くのことを検討し、決定するプロセスの連続です。限られた時間の中で円滑に家づくりを進めるためには、ハウスメーカーの担当営業や実物（展示場）から得られる情報だけでなく、第三者の専門家（建築士）による客観的な助言が必要です。ハウスメーカーが明らかにしない真実やハウスメーカーごとの特徴、メリット・デメリット等、素人では得られない有益な情報を得ることができ、判断の一助となります。本書をご覧の皆様も、できるだけ早い段階から専門家に相談し、満足・納得できる家づくりをしていただければ幸いです。

ホームインスペクター・市村崇から一言

担当交代で引継ぎが不十分 基礎工事の見込みミスで、工期も押せ押せ

契約前後で担当者が退職し、引継ぎが不十分なため、資料整備などが遅い、不備がある等が目立ちました。建物基礎には部分的に深基礎があり、複数回に分けて基礎工事を進める必要があったが、その分の工期見込みをしないまま年末年始に突入したため、全体的に工期に追われ、施工ミスも目立つ現場でした。

住友不動産｜ツーバイシックス｜2階建｜Mさん（東京）

ツーバイ工法では大事なポイントとなる釘打ち、ナット締めなどの大工仕事に難あり

施主へのアンケート

Q 家づくりの動機は？

A 子ども部屋が狭く、且つリビングの隣にあり使いづらさを感じたため。以前住んでいた家は二階リビングでしたが、年齢を重ねて使いづらくなってきたため。

Q 検討したメーカーは何社？

A 3社。住友不動産、東急不動産、他1社。

Q メーカー決定の決め手は？

A 価格、担当営業の応対。

Q 契約後、着工までに発生した問題点は？

A 契約後にいくつかの設備を追加したくなり、

DATA BOX

施主	M様
ハウスメーカー	住友不動産株式会社
竣工時期	2019年夏
地域	東京都
仕様	木造（ツーバイシックス）
階数	2階
敷地面積	約110㎡
延べ床面積	約125㎡
見積額	約3800万円

追加工事で対応してもらいました。予め予備費を用意していたのでお願いできました。多少なりとも予備費は確保しておいた方がよいと思います。

ワンポイントアドバイス

住宅建設資金に余裕をもって計画した好例です。住宅ローンがいくらまで借りられるから……といった資金計画は危険ですから、若干の余裕をもって進めてください。

Q 着工後、引渡しまでに発生した問題点は？

A 建物配置図面と外構図面の一部に相違がありました。最終的には現場で満足いく調整をしていただきました。床材、壁紙その他選んだものが施工時に廃番となって選びなおすことが多々ありました。

Q ご入居後の満足度、または問題点は？

A 間取りについては、かなり検討したため生活しやすくとても満足しています。また、ハウスメーカーの営業担当者及びインテリアコーディネーターがベテランで、細かいところまでアドバイスを頂いたことが満足度につながっています。入居直後には調整してもらうことがいくつかでてきましたが、アフター対応はしっかりしていて満足しています。

ホームインスペクター！市村崇の現場チェック

■調査結果まとめ

①基礎工事は丁寧な施工状況であった。
②主に構造、造作などの大工工事と防水に指摘が目立った。
③検査依頼や是正報告に関しては問題なし。
④含水率の管理にやや難あり。
⑤屋根の断熱材はネオマフォームを標準採用しているが、木材との隙間が発生してしまう。

■基礎配筋検査レポート

写真1

丁寧に施工されており、大きな指摘はなく、施工状況は良好であった。写真①は、基準点からの高さ計測の様子。

ホームインスペクター！
市村崇の現場チェック

■上棟検査レポート

基本的な施工ミスが目立つ。写真②は壁の釘打ちがスタッドから外れている指摘。枠組壁工法は外壁面材の釘打ちは重要管理項目であり、あってはならない指摘内容だ。

写真③は構造用金物のナット締めが甘く、緩んでいる。ハウスメーカーでも「大工さんにお任せ」の状態が多く、現場管理が行き届いていない場合には、このような初歩的かつ重大な施工ミスが発覚する。

例えば「耐震等級３」と謳っていても、このまま完成に進んでしまえば机上の計算であることは明白だ。現場監督がきちんと仕事をしていないとこういったことが頻繁に起こってしまう。

屋根はボード状断熱材、ネオマフォームを採用。まっすぐな板状の断熱材と木造は相性が芳しくない傾向にある。木は反りやねじれがあるため、写真④、⑤のような隙間が発生してしまうからだ。断熱性能は「隙間」があると著しく低下してしまうので、注意が必要だ。

■断熱検査レポート

写真4

写真5

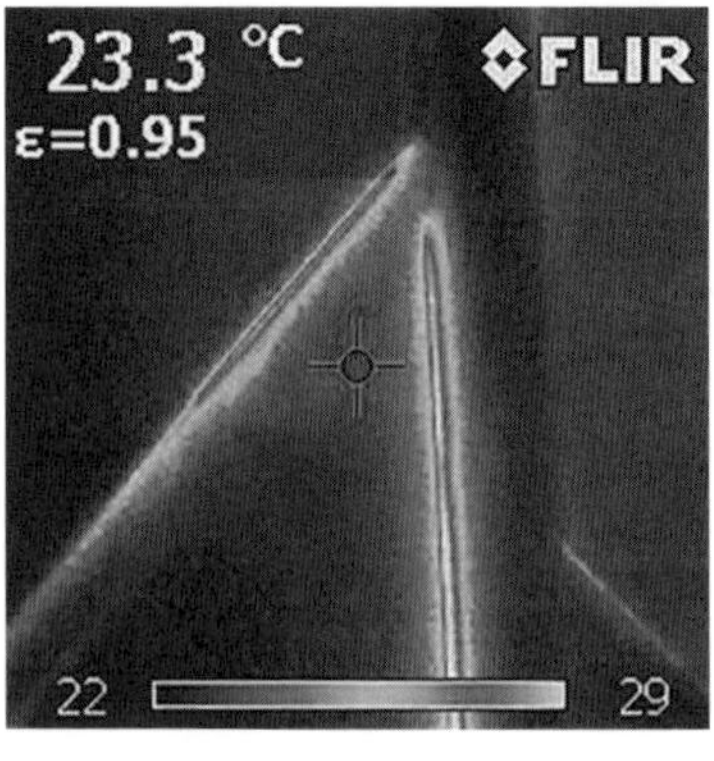

写真④のサーモ写真

ホームインスペクター！
市村崇の現場チェック

足場解体前の外部竣工検査。大きな問題はなかった。タッチアップが必要な傷などが指摘事項としてあがった（写真⑥）。丁寧な施工を心掛けても、こういった小さい傷は必ずあると言っても過言ではない。

■外装完了検査レポート

内部造作完了検査では、石膏ボードの施工に指摘があった。写真⑦のように留め具（ビス）が石膏ボードの端部寄りに打ち込まれていると、端が欠けてしまい固定不良になってしまう。

■内部造作完了検査レポート

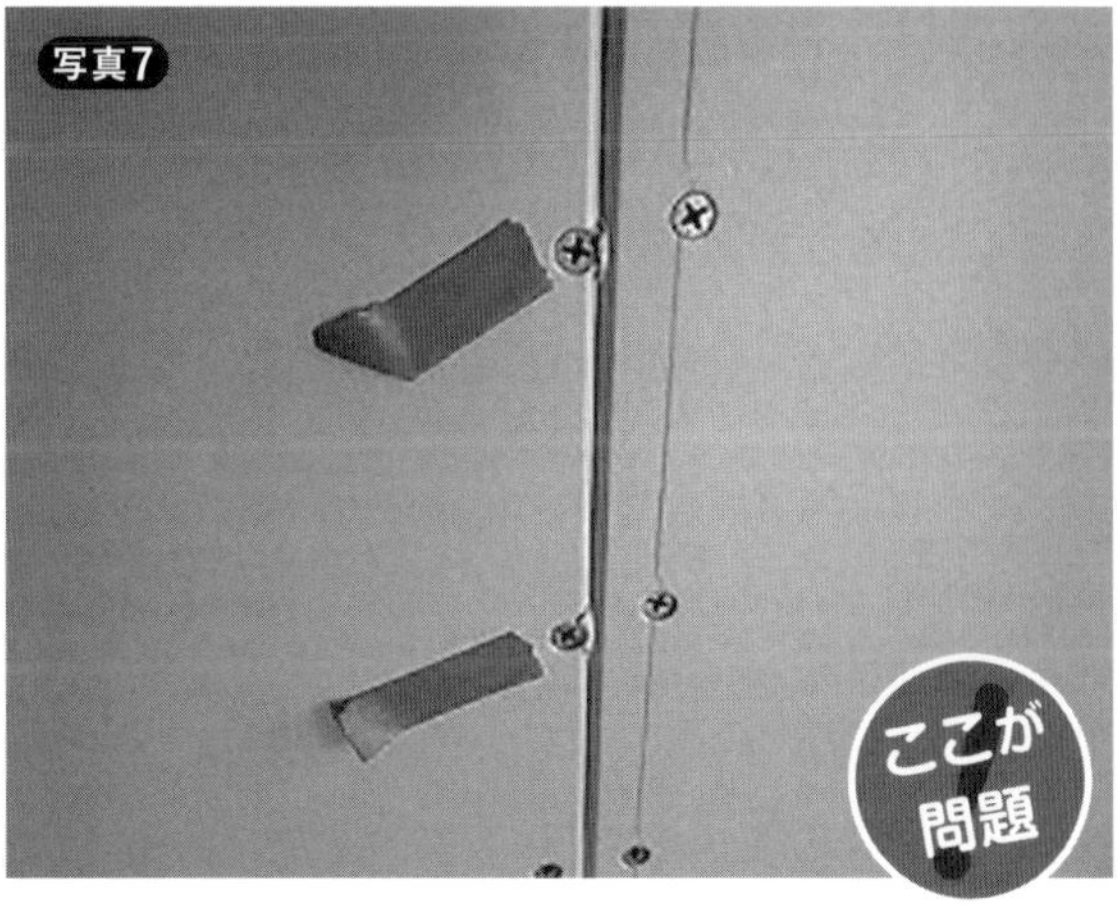

■竣工検査レポート

全体的に仕上げ状況は良好であった。玄関タイルの浮きを指摘した写真（⑧）。最近の流行りか、大判なタイル施工をよく目にするが、タイル自体の製品精度も関係し、浮きをよく指摘する。一見してはわからないため、専用の打診棒を用いて検査を実施する。

施主の感想・アドバイス

インスペクターの報告書を残しておくこと それが後の安心感につながります

子どもの成長などライフスタイルが変わることもよく考えてプラン作りをして欲しいと思います。また、手持ちの大型家具の搬入経路はよく考えておいた方がよいと思います。

なお、インスペクターに第三者の立場で検査をしてもらい、その報告書を残しておくことが安心して住むことに繋がります。是非利用されることをお勧めします。

ホームインスペクター・市村崇から一言

ツーバイでは壁の「釘打ち」は大事なポイントだが……

ツーバイ工法の場合、壁をつないで家を支えるわけですから、釘打ちの不備は致命傷になりかねません。紙の上では耐震等級3だったとしても、きちんと施工されていなければ絵に描いた餅です。大工任せになりがちなのは、この現場に限った話ではありませんが……。

スウェーデンハウス

木質パネル工法

地下1階・地上2階建

Nさん（千葉）

決算納期による突貫工事。パネル工法でもお任せにはできない

施主へのアンケート

Q 家づくりの動機は？

A 子供を授かって、当時のアパートでは手狭になることが明らかだったので。

Q 検討したメーカーは何社？

A 4社。一条工務店　積水ハウス　ウェルネストホーム　スウェーデンハウス。

Q メーカー決定の決め手は？

A 気密性。一条工務店は、夫婦共に家は性能派なので最初に相談。担当が支店長になったが、かみ合わない。宿泊体験したが、準備の悪さに不安を覚えたので辞退。積水ハ

DATA BOX

施　主	N様
ハウスメーカー	スウェーデンハウス株式会社
竣工時期	2020年春
地　域	千葉県
仕　様	木造（木質パネル工法）
階　数	地下1階、地上2階建て
敷地面積	約330㎡
延べ床面積	約230㎡
最終総額	―

ウスは、母が積水ハウスだったので、一応。設計提案が弱くて辞退。ウェルネストホームは、気密性を保証しているので、問合せ。設計にこちらの要望が正しく伝わってないのでファーストプランで辞退。スウェーデンハウスはファーストプランがこちらの要望も押さえつつ、魅力的だった。

Q 契約後、着工までに発生した問題点は？

A デザイン優先で大きい吹き抜けリビングを提案され（こちらからは希望していない）、長期優良住宅にならない可能性がでた。幸運なことに耐風梁をいれることで耐震等級3と長期優良住宅の条件は満たせた。

Q 着工後、引渡しまでに発生した問題点は？

A 企業だから仕方ないですが、こちらは焦っていないのに、決算期に合わせるため物凄い突貫工事。設計さんも複数現場を同時に追い込み処理しているので、3月あたりで機能低下。施主側でリマインドする事が増えて不満でした。リビングのシースルー階段について、設計当初は背を屈めないで、廊下に入れることを確認していたが、壁側に2Fの水回り等のPSをつけたことで、廊下への動線が階段の低い側にずれて、背を少し屈めて通らないといけなくなったことに、引き渡しの時に気が付いた。追加の時に、展開図をかいてもらえばよかった。
引き渡し後に起きた問題として……。ソーラーカーポートを外構でつけること、つける予定の製品までお知らせし、先行配管をしてもらうことになったが、径が細すぎて使えなかった。最終的に、基礎の一部に穴をあけて配線を直接通してもらう工事を、HM負担で実施してもらったので良しとします。
地下室と1Fをつなぐ階段の換気に問題があり、地下の換気装置より高い空間に、まだ施工時の溶剤のにおいが残っている。階段部分と1Fで気密ラインをわけているので、今考えてみれば当然起きることでしたが、迂闊でした。

ワンポイントアドバイス

住宅会社の決算引渡しに振り回される典型的事例です。上場しているハウスメーカーは、「株主に成績を報告する」際に計画倒れでは困るわけですから、なんとか目標数値を達成したい腹積もりがあります。一方、多くの住宅会社は達成が難しい高めの計画をする傾向にもありますから、メーカーは「期末（決算期）引渡し」を進め、結果、突貫工事になる可能性が否めません。契約時には余裕を持った工期なのか確認することが大切です。

Q ご入居後の満足度、または問題点は？

A 遮音性は満足。個人で購入した壁付けのシアタースクリーンの設置なども手伝っていただけてとても助かりました。室内は、前述の階段を除いて、特に臭いがこもったりもせず快適です。

ホームインスペクター！ 市村崇の現場チェック

■調査結果まとめ

①「地下室あり」の大型物件で、地下工事は現場監督の経験が少なく、業者頼りが否めなかった。
②上棟工事は釘打ちなどの基本的事項に指摘が見受けられた。
③決算引渡しの案件のため、工期が最後のほうでは不足がちになり、急ぐような印象は否めなかった。
④是正は指摘後、修正され問題なく引渡しが遂行された。

■基礎配筋検査レポート

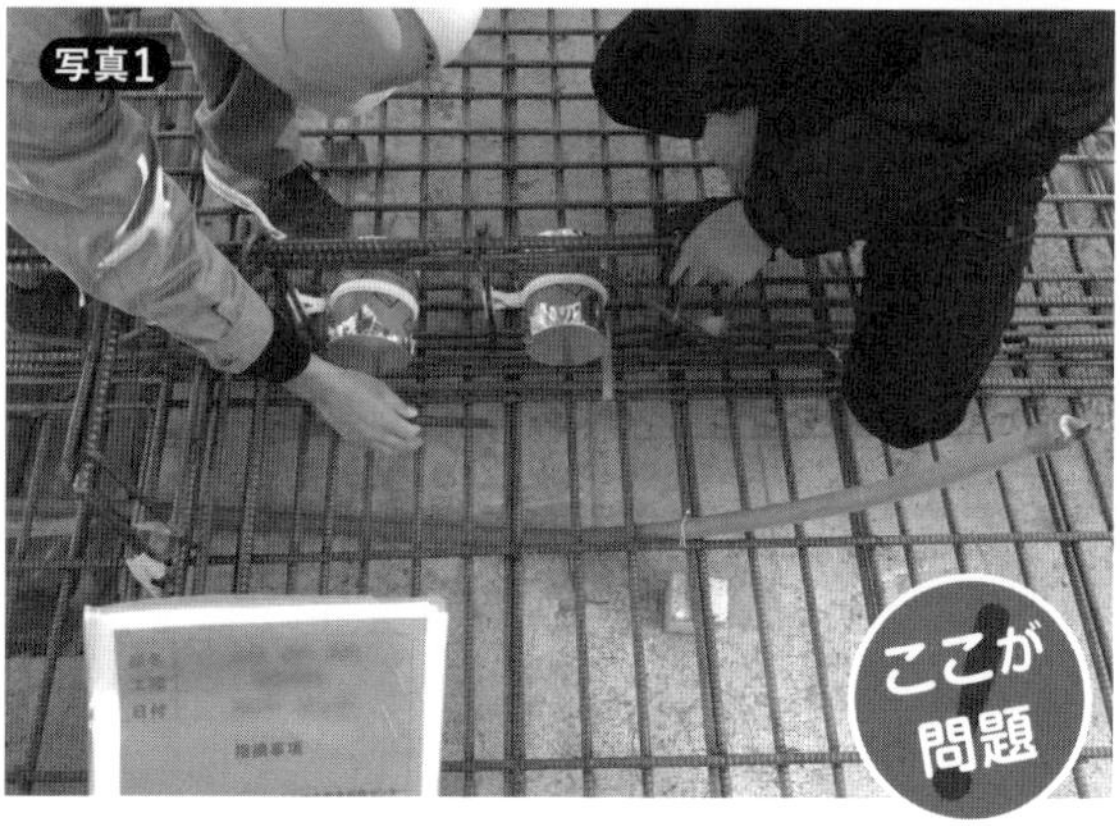

地下室案件であることからも、基礎配筋検査は複数回にわたって実施した。

施工精度は一定レベルを確保していたと思う。大型案件の場合には、専門の熟練鉄筋業者が担当するケースが多いことも影響しているだろう。

写真①は、鉄筋の相互間距離不足による空き寸法についての指摘。規定の空き寸法を確保しないとコンクリートが回り込まず、鉄筋コンクリートとは言えなくなってしまうため、強度低下が懸念される。

鉄筋は水に弱い（錆びてしまう）。そのため、防湿シートを敷き込むのだが、隙間が空いていては意味がないという典型的な指摘である（写真②）。

ホームインスペクター！
市村崇の現場チェック

■基礎完成検査レポート

基礎完成検査は次の工程に進む上で重要な検査だ。この上に構造体を載せてしまっては、後から手直し箇所が発覚しても是正が大掛かりになってしまうのは想像できる。

写真③は、家の土台と基礎をつなぐ大事なアンカーボルトが傾いてしまっている。コンクリートを流し込む際にずれてしまったと推察できる。コンクリートはかなりの重量があり、流し込みの際に細心の注意を払わなければ、このような状況になってしまうのは珍しくない（鉄骨造ではあまりない指摘事項）。

■上棟検査レポート

写真4

ここが問題

パネル工法であるため、写真のように印象的には「かなり進んだ状況」での検査実施。写真④は、床合板の釘打ち忘れ。現場施工の箇所は検査不十分の印象が否めない。他には外れ釘などが指摘事項で挙がった。

「工場制作が品質の肝」と位置づけするメーカーはいくつかあるが、結局は現場での作業がゼロになるわけではないので、きちんとした検査・品質管理が必要である。

ホームインスペクター！
市村崇の現場チェック

■断熱検査レポート

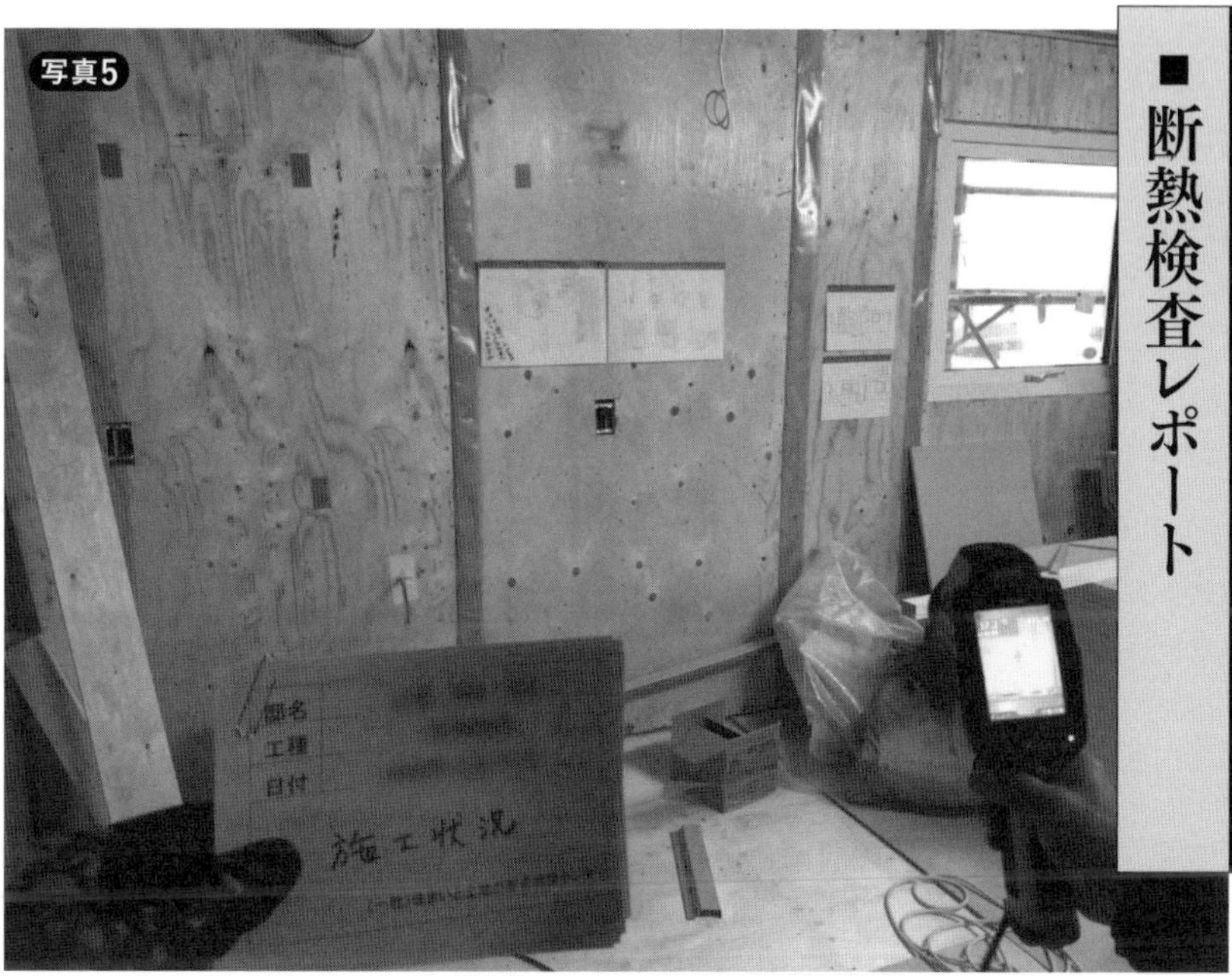

写真5

壁の断熱材は工場でパネル内部に組み込んであり、目視確認は不可能なので、赤外線カメラで断熱材の隙間がないかを確認していく（写真⑤）。一般の方はそのような機材は持っていないのが当たり前なので、「信じるしかない」ということになってしまう。

写真6

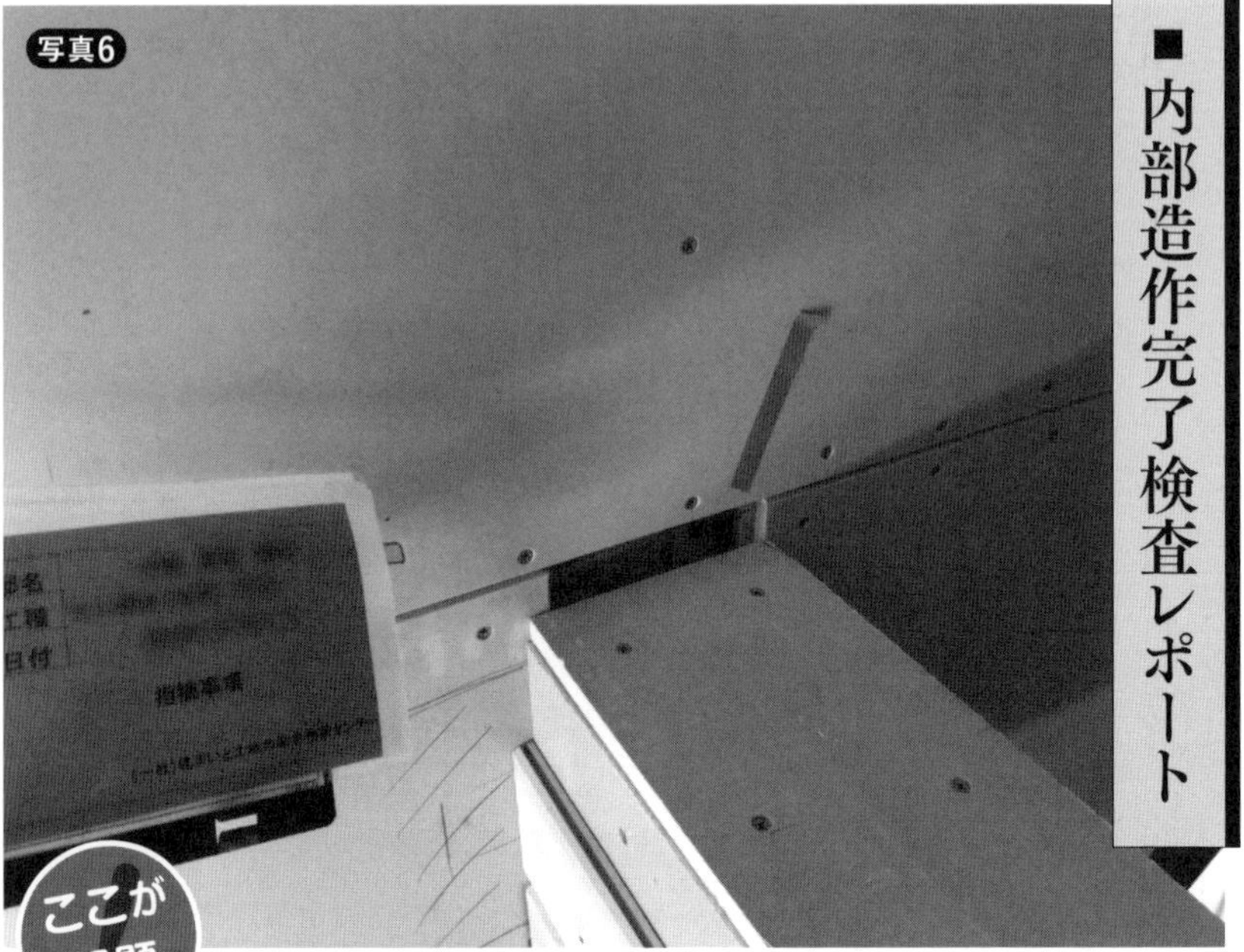

ここが問題

細かい部分をメインに指摘が多かった。大きな要因は「慌てて工事を進めた」ということだろう。時間をかければいいものができるわけではないが、時間がなく、急かされると品質が低下していくのは間違いないだろう。石膏ボードの隙間も大きい箇所があった（写真⑥）。

ホームインスペクター！
市村崇の現場チェック

■竣工検査レポート

写真⑦は完成した段階の引渡し前の竣工検査の様子。この写真からもスウェーデンハウスの家のテイストが見てとれる。

写真⑧は、蛇口形状の検討・確認不足……ボウル外に蛇口がはみ出してしまっている。初歩的なミスと言えるだろう。

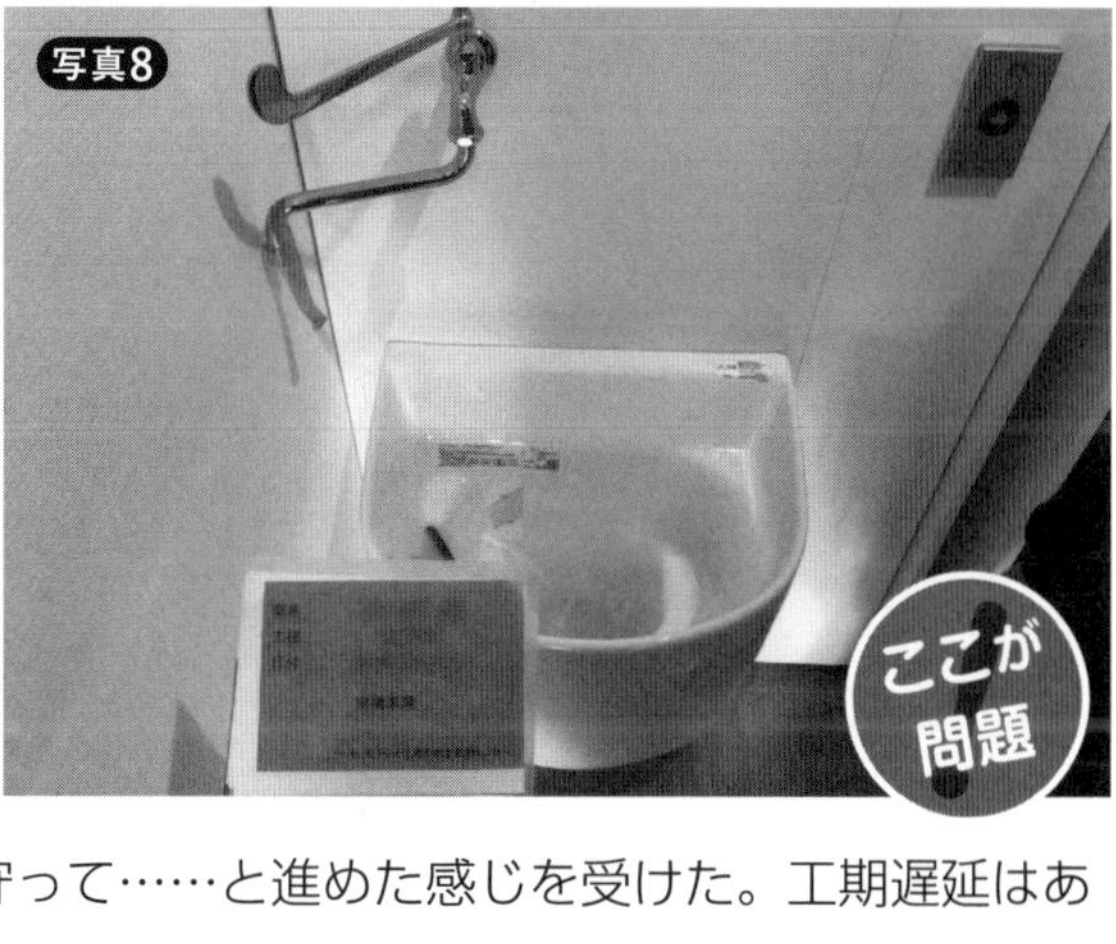

全体的に仕上げ状況の粗さが否めない。何とか工期を守って……と進めた感じを受けた。工期遅延はあってはならないが、決算期の引渡しはあくまでも「メーカー側の都合」だ。できれば敬遠したほうがいいのは言うまでもない。

施主の感想・
アドバイス

設計段階からインスペクターに入ってもらうのが正解

家づくりはとても高い買い物なので、設計段階からホームインスペクターには入ってもらう方がよいと思います。専門性のある第3者が入ることで、HMへの牽制にもなりますし、完成してから後悔する可能性を減らせると思います。私達は、家づくりで嫌な思いをした方のブログをみて、着工直後にホームインスペクターに入っていただきました。途中で入れようとするとハウスメーカーも「信頼して下さい」とかゴネますし、最初から入れる前提で話す方がスムーズです。

素人では気付けない（かつ完成したら隠れて見えない）施工ミスも見つけていただいたので、頼んでよかったと思ってます。引き渡し時の施主チェックとか、本人が新居完成で舞い上がっているのでほぼ役に立ちません（笑）。間取りについては、個人で間取り相談業をされている方に、ご助言いただきました。主婦ならではの視点で指摘してくださったので、キッチン等使いやすいようで、妻も満足しています。

ホームインスペクター・
市村崇から一言

工場生産でも現場チェックは欠かせないのを再確認

工場で構造壁を制作して現場で組み上げるパネル工法でも、現場での品質確認の重要性を再確認。また、決算期引渡しの突貫工事により、指摘が多かったのは否めません。

セキスイハイム｜木造ユニット工法｜2階建｜Iさん（山梨）

工場でつくって組み立てるユニット工法。だから安心…ということはありません

施主へのアンケート

Q 家づくりの動機は？

A 結婚している兄弟達が皆購入したので検討しだした。

Q 検討したメーカーは何社？

A 2社。東京セキスイハイム株式会社、ダイワハウス。

Q メーカー決定の決め手は？

A 耐震性、断熱性、気密性、ブランド力。

Q 契約後、着工までに発生した問題点は？

A コロナのせいでショールームが閉まってい

DATA BOX

施主	I様
ハウスメーカー	東京セキスイハイム株式会社
竣工時期	2020年秋
地域	山梨県
仕様	木造（枠組壁工法・ユニット工法）
階数	2階
敷地面積	約230㎡
延べ床面積	約120㎡
見積額	3300万円台

て見に行けなかった事。制約が多く間取り決定までに打ち合わせ回数を使い過ぎて内装検討に時間が掛けられなかった事。カタログが外観の事ばかりで性能面の記載が不十分だった事。

Q 着工後、引渡しまでに発生した問題点は？

A 豪雨被害の時期にユニット据付が決まっていたが、据付が雨で2回ほど延期して引き渡し時期も予定より延びた事。

ワンポイントアドバイス

ユニット工法やパネル工法は「工場製作」することが品質の安定化につながるというのを最大のメリットだと謳っています。しかし、実際に現場で組み上げるのは自然との闘いなわけですから、本例のように天候不順に重なってしまうと、大幅な工期順延の可能性が高い工法だという理解が必要です。

Q ご入居後の満足度、または問題点は？

A エアコンなしでも室温が20度を切らない。高気密高断熱に拘った選択をしたので住み心地に大変満足。階段が薄暗いのでもう一つ窓が欲しかった。

ホームインスペクター！ 市村崇の現場チェック

■調査結果まとめ

①ユニット据え付け時の天候が雨天降雨にあたり、据え付けの工事ができなかった。ユニット工事の再段取りもスムーズにいかず、工期遅延となった。

②ユニット工法で構造の目視確認はほとんどできないため、工場品質を信じることが大前提となる造り方である。

③ユニット据え付け後の躯体精度に関して、特にジョイント部分は注意が必要だろう。

④是正は指摘後修正され、問題なく引渡しが遂行された。

契約前の図面精査からインスペクションを実施した。設計制約が多く、間取り決定まで時間がかかったようだ。契約先行で進めていくと、後で時間が足りなくなるので要注意だ。

工場製作のユニットには断熱材がすでに入っていることもあり、天候確認が非常に重要。降雨の中で工事を進めてしまうと、構造材・断熱材とも水分を吸ってしまい品質低下の恐れが否めない。本件は運悪く、ユニット据え付けの日に降雨が続いて、据え付け日を二度スライドしなくてはならなかった。

■基礎配筋検査レポート

写真①の指摘は鉄筋のかぶり厚不足の様子で、規定寸法を満たしていないため是正指示を出した。

大手のハウスメーカーでは珍しく、捨てコンクリートを施工していない。「捨てコンの有無」は構造上の問題には直結しないが、きちんと砕石転圧をしないと写真①のような指摘は生じやすい。

ユニットを支える部分は基礎幅を大きくする必要がある設計となっており、該当箇所には比較的多くの鉄筋が配置される。本数が多くなると、鉄筋同士の隙間がなくなってしまい、コンクリートの充填不良が発生してしまうので、これも是正対象となる（写真②）。現場は比較的しっかり管理された印象を受け、施工状態は悪くなかった。

ホームインスペクター！
市村崇の現場チェック

写真③は基礎の対角寸法の検査。もともと鉄骨ユニットを主軸に販売活動をしているため、このあたりの施工精度は他ツーバイ（木造メーカー）と比べても精度確保に対する意識の高さを感じる。

■基礎完成検査レポート

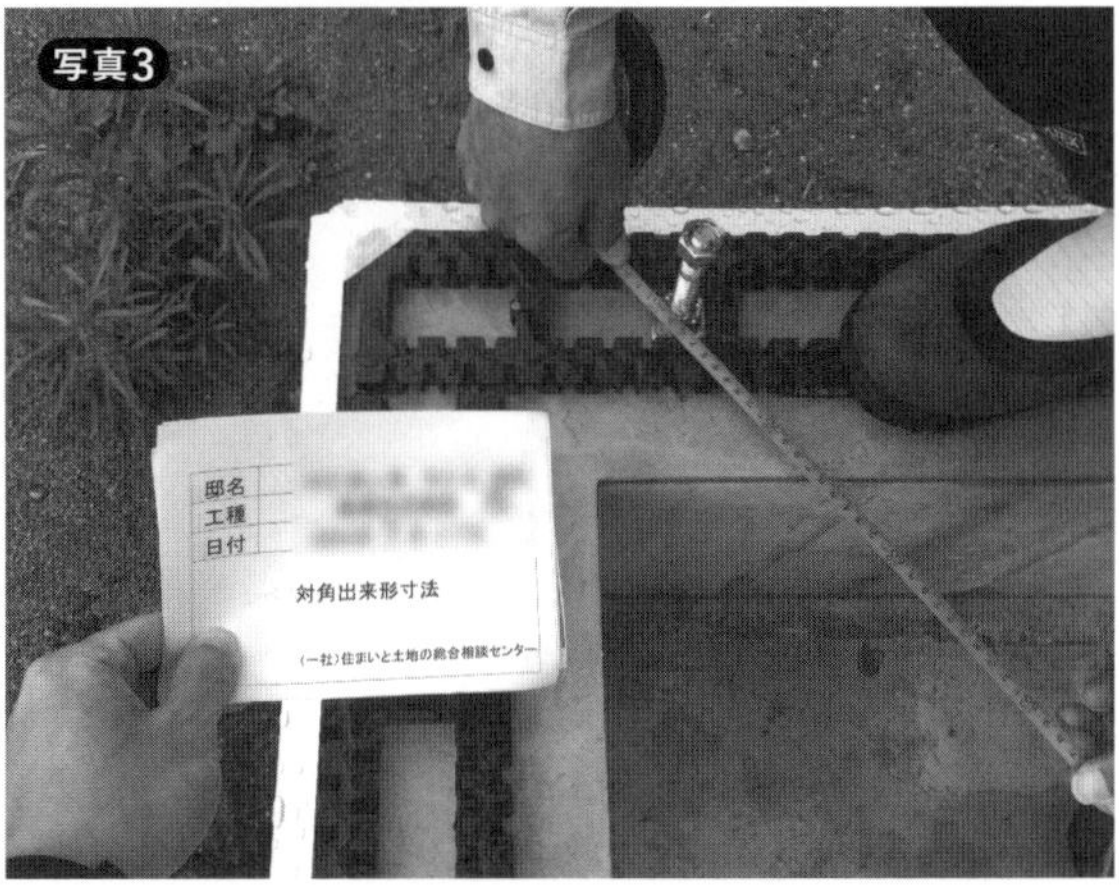

写真3

写真④は、ユニット据え付け完了時の様子。工事材料の配送便回数を抑えるためか、かなりの材料が一気に建物内へ搬入されるのだが、作業のしづらさは否めず、現場の職人には苦労を強いられる工事手順だろう。

■ユニット据え付け完了検査レポート

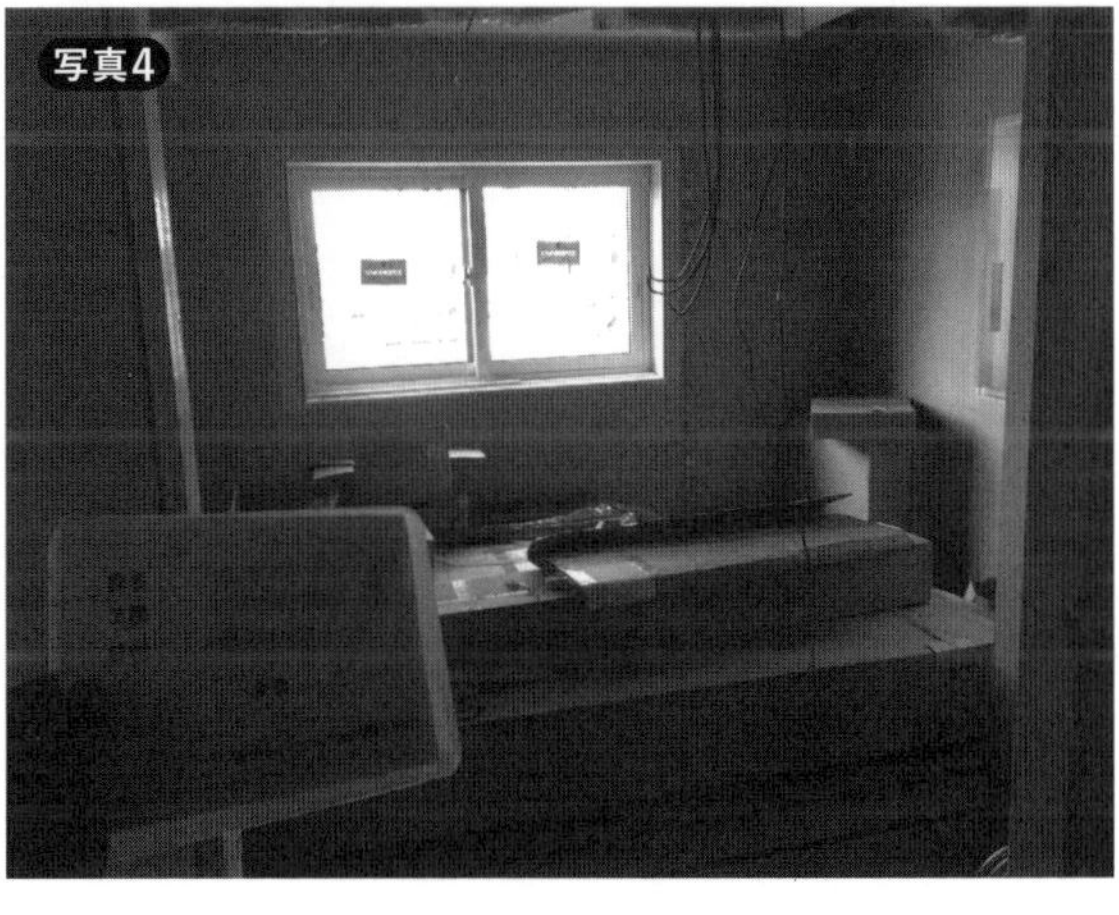
写真4

降雨でのユニット据え付け工事を徹底的に避けたこともあり、含水率は規定値以下を無事に確認できた（写真⑤）。

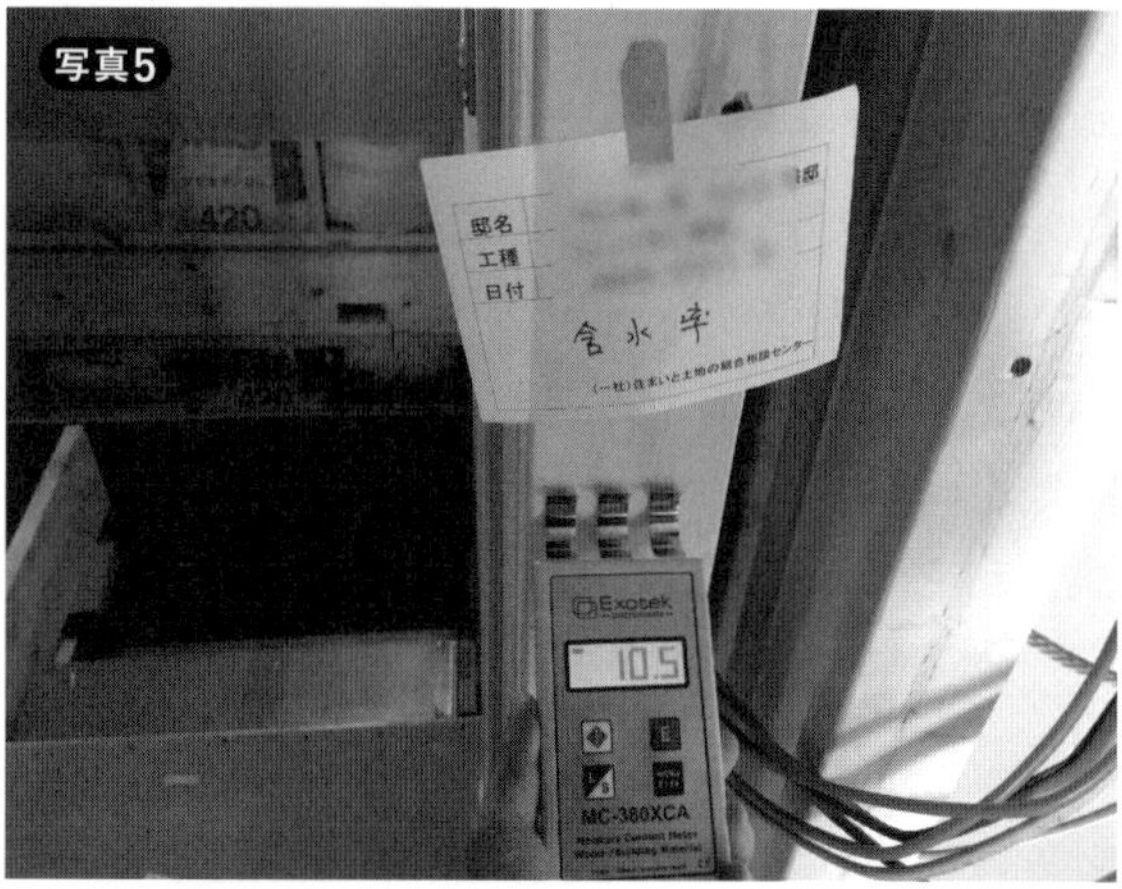

工場生産で品質は一定というのが謳い文句だが、あくまでも作業員の手で部材を造っていく。そのため、作業員個人のスキルに影響されてしまう箇所が存在する。写真⑥では、壁石膏ボードの固定止め具がない。

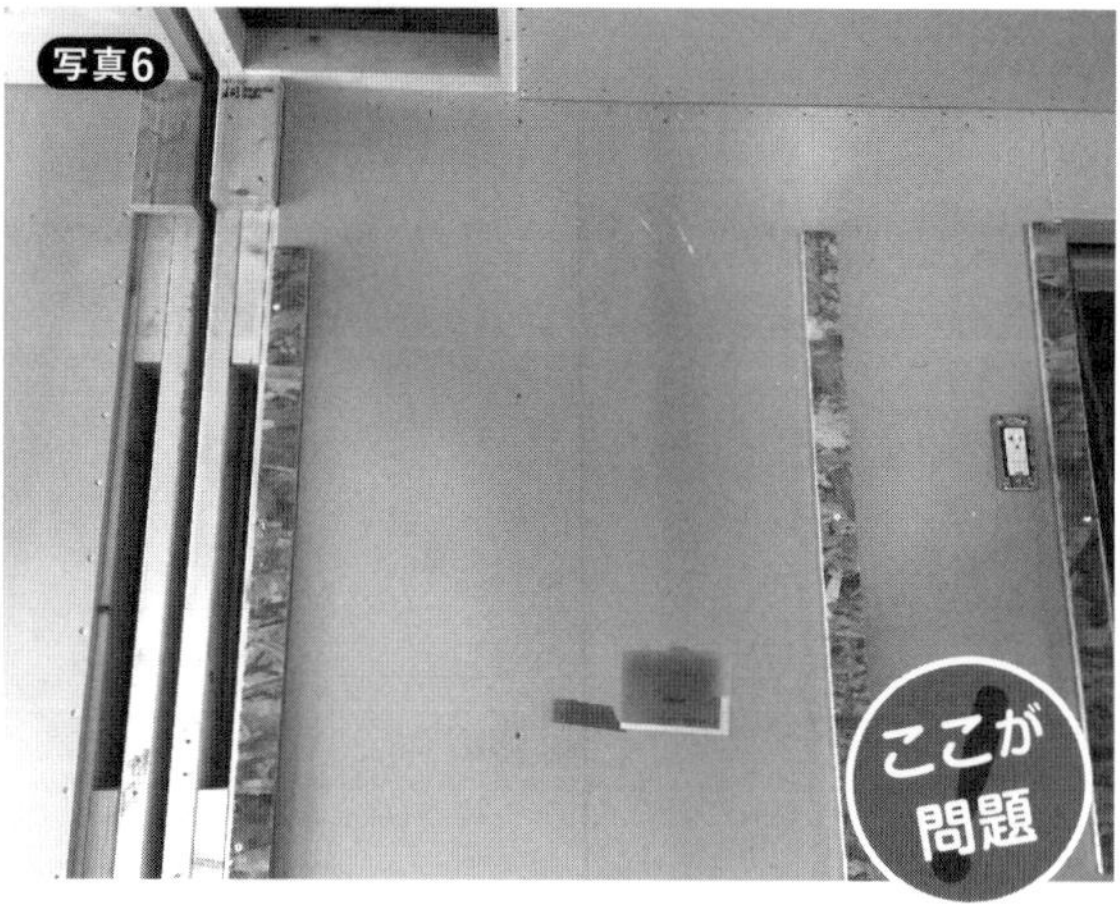

ホームインスペクター！
市村崇の現場チェック

■内部造作完了検査レポート

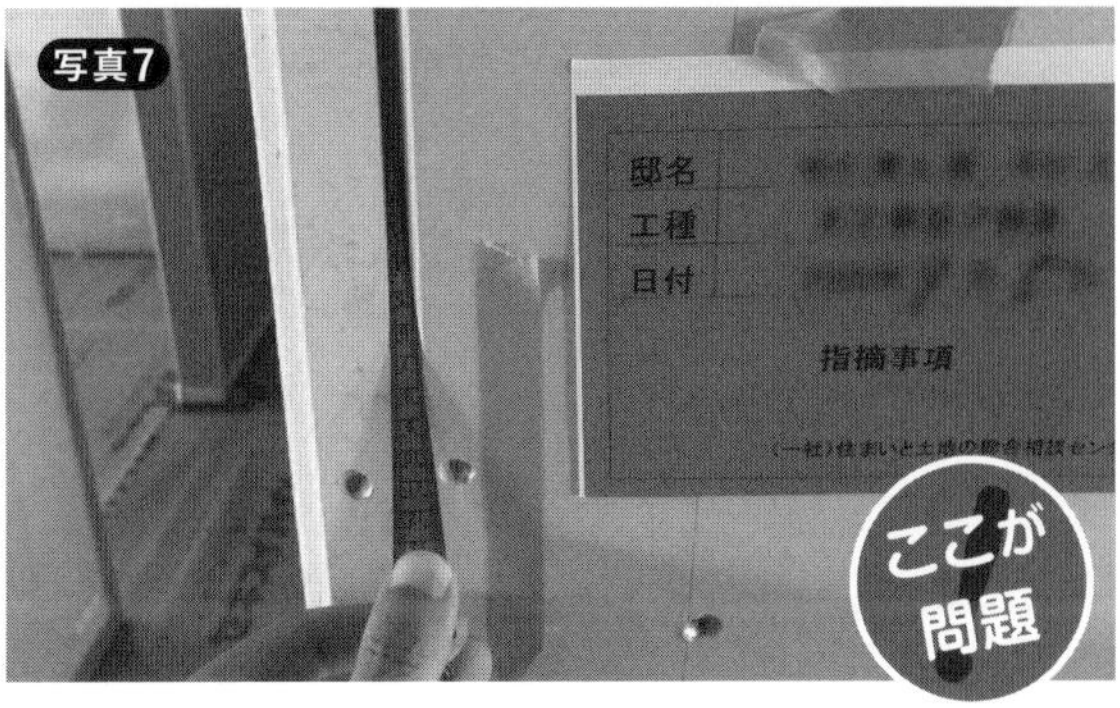

各所に指摘事項があり、再検査が必要となった。写真(⑦)では壁石膏ボードの隙間が過大であるのがわかる。

印象としては「管理者は、ユニット工法(工場生産)だから大丈夫」「造り手は、ユニットだからある程度仕方がない」という感じだろうか。

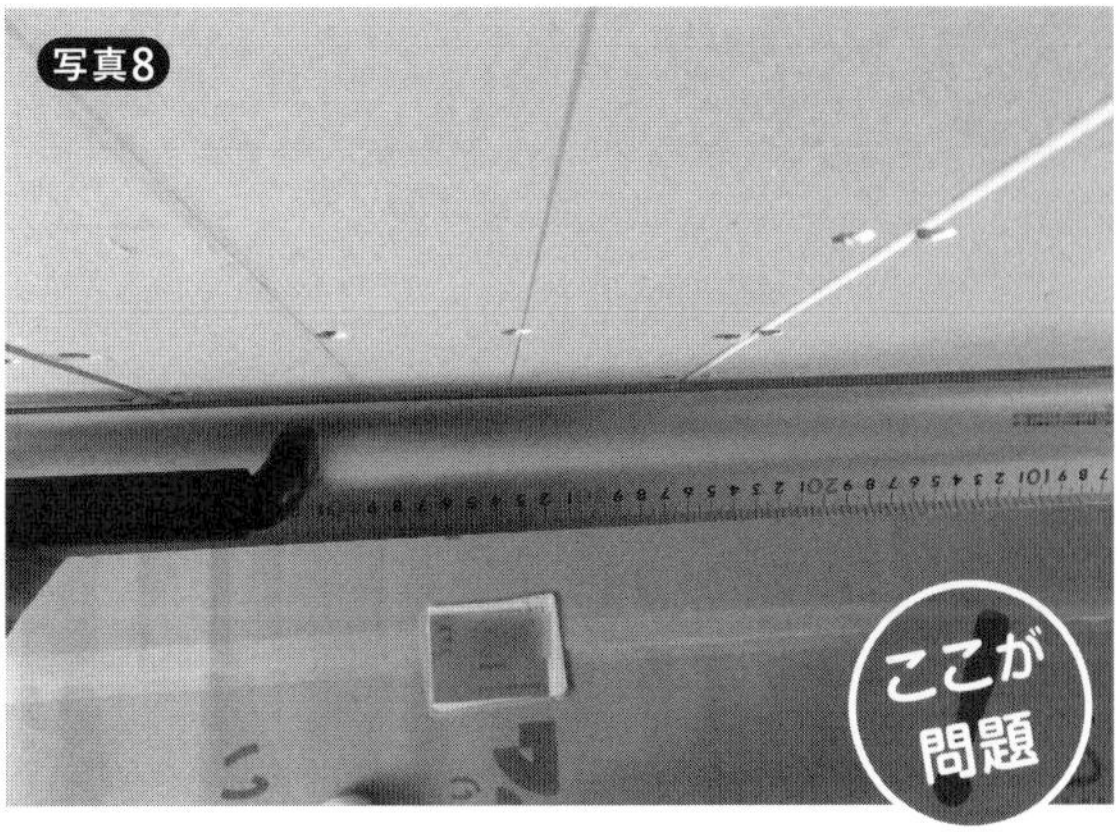

建築工事では「ジョイント」に不具合が発生しやすい(写真⑧)。特にユニット工法は大部分を工場で製作するため遊びが少なく、いわゆる「なり（搬入されたものをそのまま設置するだけ)」で工事を進めてしまう傾向が強いのがこの工法の特徴と言える。

■内部造作完了再検査レポート

写真9

前回指摘の是正確認を含めての再検査。工期も厳しく、手直しはその場で実施していく形で検査を実施した（写真⑨）。

ユニット据え付けの工事が、スムーズにいかず後工程の余裕がなくなり、工事を急ぐことも、造作工事の指摘数に影響を与えていると推察できる。

■足場解体前外装検査レポート

写真10

大きな指摘はないが、とにかく「傷が多い」のが印象的であり（写真⑩）、全体的に仕上げの粗さが否めない。何とか工期を守って……といった工事進捗は最後にも当然しわ寄せがやってくる典型である。

施主の感想・
アドバイス

メーカー担当者の意見に流されず、希望を主張するべき

1　本命のハウスメーカーに行く前に安めのハウスメーカーとやり取りして見積もりを出してもらうと良いかもしれない。打ち合わせの流れも掴めるし相見積もりで本命に値引き交渉する材料になるかもしれない。相見積もりを取るくらいしないと大して値引きしてくれない印象。
2　納得のいく間取りを書かせるまで契約してはならない。
3　合わないと感じたら担当者変更を申し出るべき。
4　各担当者がプロ意識と自信をもって様々な提案をしてくれるが、自分達には当てはまらないと感じたら担当者の意見に流されず、はっきりと希望を主張すべき。
という4点が為しえなかった反省点。

ホームインスペクター・
市村崇から一言

ユニット工法でも工期に余裕は必要

本件のように、雨による工事日程のスライドは、他の現場との兼ね合いもあってスムーズに行われないなど、工期遅延やその後の突貫工事など懸念事項があります。工期全体には余裕をもったほうがいいでしょう。

装丁・デザイン◉桜井勝志
図版作成・ＤＴＰ◉アミークス
編集◉飯田健之
編集協力◉岡本志郎
　　　　松山久
協力◉一般社団法人 住まいと土地の総合相談センター

「論より証拠!」のハウスメーカー選び

2021年４月15日　第１版第１刷

著　者　市村崇
発行者　伊藤岳人
発行所　株式会社 廣済堂出版
〒101-0052　東京都千代田区神田小川町2-3-13
M&Cビル7F
電話　03-6703-0964（編集）
　　　03-6703-0962（販売）
FAX　03-6703-0963（販売）
振替　00180-0-164137
URL　https://www.kosaido-pub.co.jp
印刷所
製本所　株式会社 廣済堂

ISBN 978-4-331-52327-8　C0052

袋とじ!

大手ハウスメーカー13社

実力本音評価!!

積水ハウス
ダイワハウス
旭化成ホームズ（へーベルハウス）
パナソニックホームズ
三井ホーム
一条工務店
住友不動産
三菱地所ホーム
住友林業
スウェーデンハウス
ミサワホーム
セキスイハイム
トヨタホーム

Chapter 3

袋とじ！

大手13社！ハウスメーカー実力本音評価!!

数々の現場インスペクションからわかった大手13社の家づくりを重要項目別に評価。HPやパンフレットでは決してわからない各社の強みと弱点が★評価で丸わかり！

耐震性能評価

大前提として、低層住宅規模であれば「鉄骨造」と「木造」で、それほどのスペック差は考えなくてもいいでしょう。厳密には、鉄骨造と木造では計算の違いがありますが、建築基準法で定められている耐震性能の1・5倍つまり耐震等級3を有していれば、今現在想定している大きな地震には十分に安全と言えます。

ここでは、基本的スペックのほか、施工の確実性や品質管理の体制を含めて評価をしています。

鉄骨造と木造では設計自由度が違います。木造のほうが自由度は高く、間取りを含めて「さまざまなニーズ」に対応できますから逆に、木造のほうが施工者によるミスの確率が増えます。設計手法自体も設計者判断で安全側とする（安全性を犠牲にしない）のかどうかなども耐震性に影響してきます。

こうしたことまで踏まえた上で言うと、**鉄骨造のほうが木造に比べて耐震性では優位性を持つ**と考えます。言い換えると鉄骨造のほうが耐震性に影響を与えるミスが少ないということでしょうか。

各ハウスメーカーの比較の基準ですが、鉄骨造の場合、鉄骨躯体に大きな差はないので、軽量鉄骨か重量鉄骨か？　という点と基礎仕様（特に基礎配筋）と地盤判定の考え方などを総合して評価をしています。

木造に関しては、ツーバイと在来工法を比較すると、壁で地震力に抵抗することと、プランニングの仕方が直下率の高い傾向になることから原則、**ツーバイ有利**としています。パネル工法やユニット工法は、計算上は十分な性能を有しているのでしょうが、現場の工事作業の過程で計算通りの性能が満たせない（確認ができない）ため、少し低い評価としています。

★★★★★　へーベルハウスは、3階以上は重量鉄骨ラーメン（2階建ても一部、重量鉄骨）で構成され、構造躯体は最上位です。地盤判定も安全側判断が多いのが特徴です。これは、建物荷重がそもそも重く、地盤改良や地盤補強が当たり前の社内風潮があるのと同時に、過去の杭偽装問題からの学びなども関係しているのかもしれません。基礎配筋でも、鉄筋量の多さと施工マニュアルの完成度から耐震性能を高く評価できます。ただし、地盤改良が費用面で計上される確率が高いのは、建築コストがUPすることに直結します。

★★★★　パナソニックホームズ・積水ハウス3階（βシステム）・セキスイハイム・積水ハウス2階・三井ホーム・住友林業のビッグフレームを4つ星評価としていますが、パナソニックホームズ・積水ハウス（3階）は同程度、少し評価を落としてのセキスイハイムと積水ハウス（2階）だと考えます。

パナソニックホームズは、9階建てまで可能な「ヴューノ」という商品展開をしている純ラーメン構造の重量鉄骨ですから、鉄骨構造架構（フレーム）には安心感があります。鉄骨組立では鉄骨錆止めの忘れ等現場では指摘がありますが、スペックは高いと言えるでしょう。ただし、基礎配筋の施工は指摘箇所が多く、その部分で評価を★一つ下げています。

積水ハウスの3階建ては、型式認定のβシステムを採用しています。これは設計自由度を高くするために柱の位置をある程度（社内ルールに基づき）自由にスライドさせようというものですが、あまりアクロバティックな間取りにするのは構造架構の安定性を損なうことにつながりますので、両手を挙げて推奨はできません。この部分で満点とはいかない評価としていますが、実質、パナソニックホームズと同程度と評価していいでしょう。

同じ四つ星でも前2社より少し評価が下がるのは、セキスイハイムと積水ハウス（2階）です。**セキスイハイム**は工場生産がウリのユニット工法ですが、ユニットのジョイント部分の施工管理は現場検査ができませんので、評価自体がグレーと言えます。また狭小地の場合、ユニットでは家が建てられず現場で鉄骨建方を行いますが、その場合は施工数が少ないために経験不足に若干の不安があります。

積水ハウスの2階建ては軽量鉄骨ですから、そもそも構造架構のスペックが他と比べて落ちます。施工は系列会社の積和建設が一手に引き受けていますから一定の安心感はありますが、現場でのボルト締め管理や鉄骨の錆止めについては過去のインスペクションで指摘があることがわかっています。この2社に関してはこのような理由から四つ星の少しマイナスという評価にしています。

同じ4つ星マイナスのカテゴリーに三井ホームと住友林業のビッグフレームが入ってくるでしょう。現在、**三井ホーム**はプレミアムモノコックと呼んでいますが、要はツーバイシックスを標準とした構造です。耐力壁という強い壁を計画し、家を箱のようにして地震力（や風圧力）に抵抗する考え方で耐震性能は高いと言えます。

同程度のスペックでは**住友林業のビッグフレーム**が挙げられます。こちらは型式認定工法の「梁勝ちラーメン」を標準としますが、簡単に言えば集成材を用いた金物ピン工法です。集成材はエンジニアリングウッドとも呼び、信頼性の高い計算にて構造計算が可能なことがメリットと言えます。

一方で、耐震性には構造計画も重要です。構造計画とは計算以前にそもそも「家の構造フレームが安定しているか？　地震時の力が加わった時にスムーズに力を各部位に伝達できるか？」ということです。これは直下率と呼ばれる数値が一つの目安になりますが、ツーバイでは直下率が高く、梁勝ちラーメンでは直下率が低めになってしまうことが多いので、ここには注意してください。

★★★　鉄骨造の**ダイワハウス・トヨタホーム・木造の積水ハウスシャーウッド・一条工務店**を３つ星評価としています。同じ星数ですが、少し下がって**住友不動産・スウェーデンハウス・三菱地所ホーム**というところでしょうか。

ダイワハウスは３階建てでも軽量鉄骨造で計画していくケースが多く、他の大手鉄骨メーカーとは構造スペック自体が低い傾向にあります。建築費用（見積り）を下げたいのが理由かどうかは不明ですが、同じ鉄骨メーカーでも鉄骨の厚みが全く違いますから注意を要します。重量鉄骨も商品ラインナッ

トヨタホームの現場写真。基礎から緊結用のアンカーボルトがないのがわかる

プされていますが、経験値が少なく、施工精度に若干の不安が残るため、３つ星評価としています。

トヨタホームはパワースケルトンという鉄骨のユニット工法を得意としています。工場生産であることがウリですが、ユニット同士のジョイント部分が検査できないことに加えて、基礎と構造を緊結する部分がアンカーボルト後施工の仕様が気になる部分です。

木造5社の性能はさほど変わらないかと思いますが、特徴を簡単に上げると、**積水ハウス・シャーウッド**は「安心感のある施工体制・土台を使わずに基礎と柱は柱脚金物で緊結」が耐震性に関してはいい点です。**一条工務店**は、ツーバイシックスを基本的な構造架構に選択していますので、規定通りに施工する事ができれば耐震性は一定以上有すると言えます。ツーバイ系のパネル工法である**スウェーデンハウス**に関しても一条工務店と類似の評価でいいでしょう。**三菱地所ホーム**はツーバイネクスト構法を謳うツーバイフォーですが、特筆すべき構造的な特徴はないと言っていいでしょう。

ミサワホームについては、木質パネル接着工法という型式認定工法ですが、パネル同士の緊結など基本的な施工管理が課題だと思いますので、★★の評価としています。

耐火性能評価

木は燃えるので火に弱いと考えている方も多く見受けられますが、そんなことはありません。材料単体でどうこうよりも、住まいを考える場合には、住宅火災を想定して性能評価をするべきです。

建築基準法では「耐火性能」を定めている条項があります。耐火性能には「準耐火建築物」「耐火建築物」「防火構造」などが規定されていますが、建物用途・規模によって期待する性能は法律では違っており、大手ハウスメーカーであれば、ある程度はその性能を有していると考えてよいでしょう。

断熱性能評価

近年注目されている**断熱性能は、木造に軍配が上がります**。そもそも構造躯体が熱伝導率の高い鉄を使用しているのが鉄骨造ですから、「ヒートブリッジ」の懸念が全般的に評価を下げてしまいます。特に住宅では、1階の柱や最上階の天井と言った部位は弱点になりやすいです。

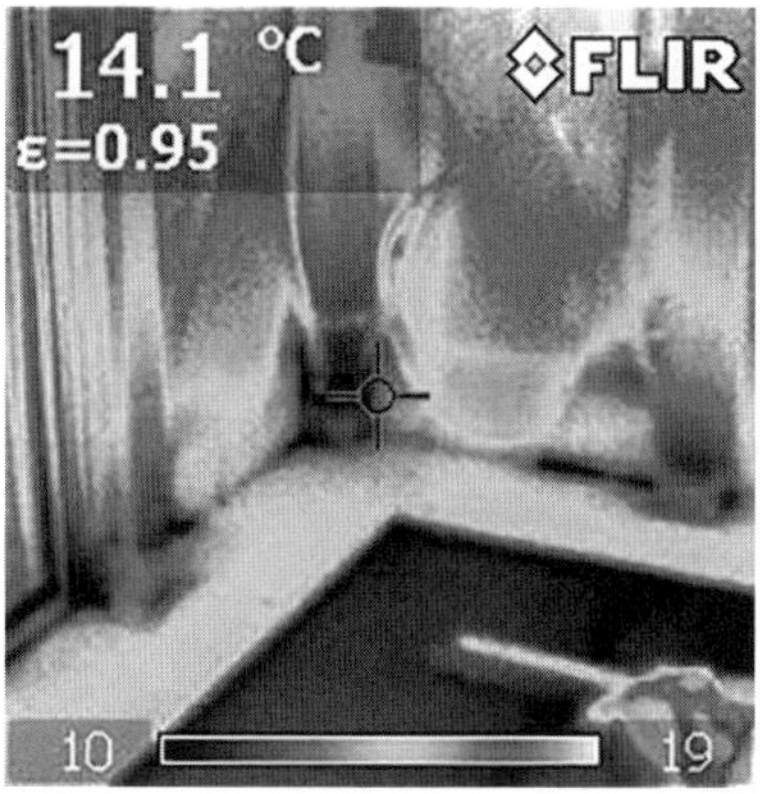

ヒートブリッジによる冷えをとらえたサーモ写真

写真は鉄骨造住宅の1階柱を赤外線カメラで撮影したもので、柱脚の温度が外気温の影響を受けていることがわかります。住宅の基礎は鉄筋コンクリートのため、コンクリートの材料特性の影響を大きく受けます。一言でいえば「蓄熱性の高いコンクリー

断熱材に隙間ができた天井部

トに熱伝導率の高い鉄の柱を直接載せる」のですから、ヒートブリッジが起きてしまうのは自明の理ですね。

また天井部には、前ページ下の写真のような事象が発現しがちです。もともとの設計寸法が断熱材を適切に施工するスペースがないため、最上階天井もこのような断熱欠損やヒートブリッジが起きやすくなってしまいます。このようなことからも、断熱性能については木造に軍配が上がります。

★★★★★ 高評価は、**三井ホーム**です。三井ホームの断熱仕様ですが屋根は「DSP（ダブルシールドパネル）」・壁はロックウール充填工法・床はボード状断熱材となっています。HPでのUA値は0・43となっています。以前から全館空調をウリにした注文住宅を展開しているため、断熱や気密に関しては一日の長があると言っていいと思います。施工管理に関しても一定以上のレベルを保持していると思います。

★★★★ **一条工務店・住友林業・セキスイハイム**を挙げています。**一条工務店**はHP表記でUA値0・25を謳っていますし、その他の指標

ボード状断熱材と木材の間には隙間ができやすい
（一条工務店の現場）

（C値など）からも断熱性能は高いと言えます。しかし、断熱性能は原則「断熱材の性能」と「厚み」で決まりますが、現場では標準設定の断熱材厚みが確保できない状況にあるので、このあたりをどう考えるかは疑問点です。

また、施工面では「隙間が存在するか？」という点がとりわけ重要です。木材とボード状断熱材の相性がいいとは言えません。反りやねじれがある木材に「まっすぐ」「直角」のボードをはめ込んでも隙間が発生してしまうからです。トータル的に考えると4つ星というところでしょう。

住友林業は軸組工法です。いわゆる在来工法は筋交いを設置しますが、この筋交い部分の断熱工事がかなり手間を食いますし、施工ミスも散見されます。ビッグフレームは筋交いがない「梁勝ちラーメン」ですから、このようなデメリットがないのは、一定の品質担保に好材料です。断熱施工に関しては職人のスキルとモラルが多分に影響します。現場インスペクションでは施工良し悪しのバラツキが多く「いい現場はいいのだけど、指摘が多いダメ工事現場も多い」のが気になるポイントです。

セキスイハイムのグランツーユーに関しては、ツーバイシックスですから壁厚があり、断熱材の厚みが十分に取れることと、天井断熱を二重に施工することが好評価の一因です。一方で、ユニットのジョイント部分の不具合やユニット運搬時の断熱材ずれなどは、懸念事項として挙げられます。特に、降雨の中でユニット作業をすると「断熱材が濡れてしまう」ため、断熱性能は一気に低下してしまいますから、工程管理を含めた厳格な現場管理が求められます。

★★★　3つ星評価は三菱地所ホームです。

気密性がもともと高いツーバイフォーなので断熱性

も高くなります。全館空調も得意としているため、居室内の室内環境を求めるニーズに対応できるメーカーの一つだと思います。同じ壁厚ですが、**住友不動産**は一つ少ない2つ星評価としています。基本的な施工に関しての指摘数を鑑みた結果と、屋根断熱に一部ネオマフォームを採用していることが減点要因です。

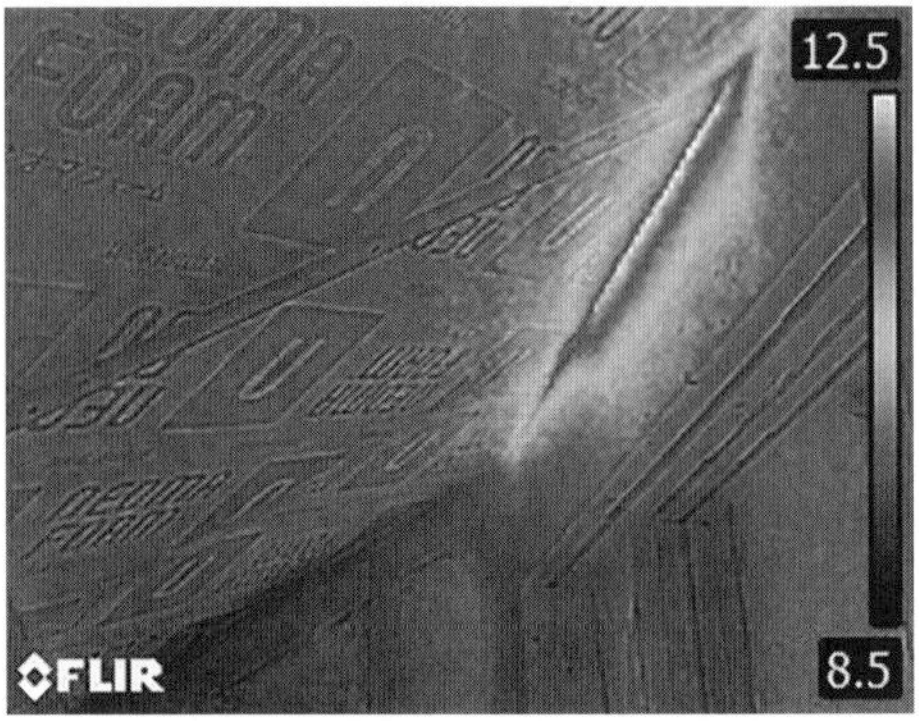

サーモ写真でわかる端部の隙間（住友不動産の現場）

ボード上の断熱材「ネオマフォーム」を採用していますが、端部の隙間が赤外線カメラで見て取れます。このように、木材との相性がイマイチなこともあり、隙間が見受けられることがネックですね。

木質系のハウスメーカーで2つ星評価は、**積水ハウスシャーウッド・ＳＷＨ・ミサワホーム**としました。**シャーウッド**は天井下地を熱伝導率の高い鋼製で組み上げることと、設計寸法上、天井断熱材がつぶれてしまう個所があることがマイナスポイントです。

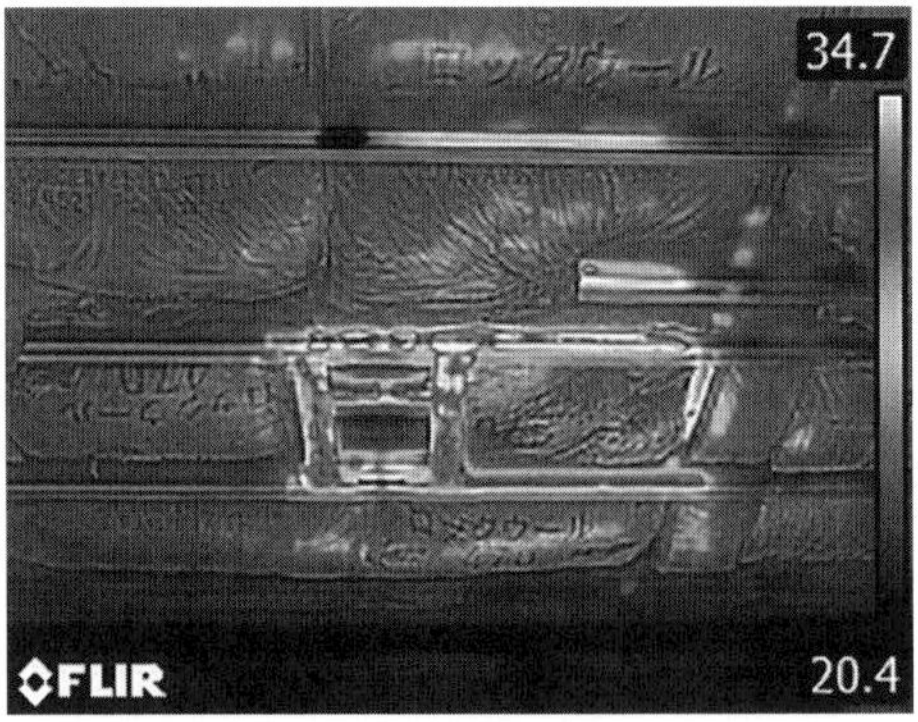

シャーウッドの天井に見られた断熱欠損（サーモ写真）

ＳＷＨとミサワホームはパネル工法のため、工場で断熱材が入った状態で現場搬入されますが、現場での作業手順上どうしても断熱材をめくりあげたりする必要があります。この点をしっかり管理できればいいのですが、なかなか困難なようです。

鉄骨系ハウスメーカーの中では、**ヘーベルハウス**が唯一「外断熱工法」と謳っていい工法であるため、断熱性能は高いと言えますが、その他の鉄骨メーカーの断熱性能は特筆すべき差異はないと言っていいでしょう。

設計自由度・インテリア提案評価

設計自由度が高いのは、鉄骨では**積水ハウス（3階）**と、木造の**住友林業ビッグフレーム**です。どちらも「梁勝ちラーメン」という認定工法を採用していて、柱の位置に囚われずに間取りを考えられますから、自由度はかなり高いと言えます。

基本的に**間取りの自由度やインテリア選択肢の幅の広さは、鉄骨造より木造メーカーに軍配が上がります**。特に間取り自由度で言えば鉄骨はモジュールを決めている会社が多いので、プランニングに縛りが発生すると思ってください。

在来（軸組）＞ツーバイ＞木造パネル＞鉄骨（モジュール）＞鉄骨ユニット＞RCパネル

工法による間取りの自由度は、このような感じですね。

シャーウッドを展開する**積水ハウス**は構造の自由度も高いことはもちろんですが、インテリア提案もメーカーではトップクラスと言えます。これまで手掛けてきた住宅の数、年間の建築数が多いことは事例やアイディアの引き出しが多いことに直結します。なかでも設計専門部隊のチーフアーキテクトは、設計実務も豊富でバランスのよい計画を提案する力があると思います。

窓上に水平に設置された木材が「まぐさ」

軸組に比べてツーバイ系は、壁ありきで構成していくので、自由度は若干不利と思って間違いありません。現在のツーバイは昔と違ってオープン工法で、乱暴に言えば「構造計算をすれば何でもあり」ということになっていますが、ハウスメーカーでは依然として上下階の壁位置を揃えて間取り計画をする傾向にあります。自由度が減る反面、直下率が良くなるので構造的にはそのほうがいいですし、コストも抑えることはできますが……。

またツーバイ系の特徴は「まぐさ（窓など壁の開口部補強のための横材）」が影響することが挙げられます。天井の高さやドア、窓の高さに影響を与えるので、開放感が高い大きな窓をどうしても……という方はツーバイ系は不向きかもしれません。

木質系パネル工法のメーカーでは、**ミサワホーム**の知名度が高いですね。もともとデザインに長け、デッサンがうまい印象があります。パネル工法は、パネルモジュール（パネルの寸法基準）による間取りの制約を受けるので、どうしても設計自由度は下がってしまう傾向にあります。インテリア提案などはプレゼンの「魅せ方」を含めて上手なメーカーではないでしょうか。

同じカテゴリーで、外壁複合パネルを武器とする**一条工務店**はさらに設計自由度は厳しくなるので2つ星の評価としています。分譲を得意としていますから、規格型プランには強い印象がありますが、やはりパネルモジュール優先の建築計画になってしまいます。また、押し入れなども工場で作成したものを現場搬入して置くだけの「ユニット工法」を採用していますから、工期短縮・コストと設計自由度が引き換えになっている感は否めません。

梁勝ちラーメン工法採用の**積水ハウスβシステム工法（3階）**は別にして、鉄骨造メーカーも基本的にはモジュールによって評価をしています。積水ハウスに関しては、シャーウッドでも解説しましたが、設計力・インテリア提案など総合力は鉄骨メーカーでは頭1つ抜けている感があります。

さらに制約がかかってくるのが、**鉄骨ユニット工法とPCパネル（プレキャストコンクリート）工法**です。「ユニット数が多いから間取りは自

押し入れのユニット（一条工務店）

由ですよ！」とは言いますが、やはり制約が多く注文住宅で自由設計を期待している方には設計自由度は物足りないようです。

なお、設計自由度が高いことはいいことですが、デメリットも併せ持ちます。施主の要望や意見をくみ取れることが多くなることはイコール打ち合わせミス、施工ミスが増える傾向になりますから注意が必要です。

施工力・管理体制評価

品質担保のためには、何といっても「施工部隊」の実力がモノをいいます。よく工務店やビルダーで「施工力があります！」と謳っているのは、単に棟数稼働力の話がメイン。つまり「○棟まで受注できる（作れる）」という指標ですね。

ここでの施工力・管理体制力は、主に次の指標で評価しています。

- ミスが起きにくい商品（構造）か
- 施工マニュアルがあり工事する側（職人）がわかりやすいか
- 品質や安全の管理体制、巡回時のチェック機能が働いているか
- 組織形態は十分構築されているか
- 図面の見やすさ

なお、管理には安全、品質、工期、コストが上げられますが、ここでは品質に特化するものとします。

大前提として、鉄骨造と木造では、**鉄骨造のほうが管理しやすい**です。職人が材料を現場で切るなどの加工が少ないのでヒューマンエラーが少ない、という理屈です。言い換えれば、現場加工の多い木造ではミスが起きやすい傾向にあります。現場で指摘するミスにはいくつか分類されますが、大きく分けると次のように区分されます。

①職人が間違える
②管理者が①を見逃す
③職人が知らない
④管理者が③を見逃す
⑤管理者が知らない＝職人の手抜きを見逃す
⑥管理者、職人とも知らない

さすがにここでは「知っているのに故意にやっている」というケースは除外しています（今でも、知っていてやっている……という低レベルな現場もゼロではないですが）。

端的に言えば、ヒューマンエラーは絶対になくなりませんから、きちんとチェック・管理するか？が最も重要です。また誰がやってもある程度品質担保できる（知らなくても作業ができれば自然と品質が保たれる作り方）マニュアル整備や商品構築がカギとなります。

まず大手鉄骨造メーカーでは、自社の施工部隊の有無によって施工に対するスキルが変わってきます。例えば、**積水ハウス**は「積和建設」が100％、積水ハウスを建設しています。**ヘーベルハウス**も同様の子会社「旭化成住宅建設」を抱えており、エリアにもよりますが多くの建設を担っていると思われます。

積水ハウスの積和建設では、現場代理人（実際に現場を管理する人間）が作業ごとに分かれているケースがあります。基礎工事の担当はAさん、鉄骨組立はBさんという感じで、これのメリットは専門性に長けること、デメリットは引継ぎ精度への不安です。

一方、自社の施工部隊を持っていないのは**ダイワハウス**や**パナソニックホームズ**です。言い換えると第三者の下請けに発注するわけですから、現場での情報吸い上げや社内の水平展開などがうまくいかない恐れもあり、ここが一つのポイントになります。

木造ではどうでしょう。自社の施工部隊を持っているのは**住友林業**と**三井ホーム**で、2社とも一定以上の品質管理体制を構築しています。古くから、住友林業は在来軸組工法、三井ホームはツーバイ工法をリードしてきたパイオニアとしての責任感を感じます。ただし、どうしても木造はチェック項目が多く、職人の腕に品質が影響される感が否めません。つまり、現場監督のスキルやモラル、稼働時間により品質の振れ幅が発生するのです。

木造のハウスメーカーが軸組ではなく、ツーバイやパネル工法を採用している会社が圧倒的に多いのも、この「職人の腕に左右される」ことを懸念してだと思います。できる限り簡素化した、失敗が少なく管理がしやすいやり方……ということになると、軸組工法という選択肢が避けられてきた経緯があるのでしょう。

ツーバイ系では、**住友不動産**を3つ星評価としています。以前は現場により品質のバラツキが目立ち、お世辞にも管理しきれているとは言えませんでしたが、最近ではしっかり品質管理をしている印象を受けます。特に、都内城南エリアや神奈川エリアなどアッパー層を受注する部署の教育や体制を改善してきたんだろうな、という好感触を持ちます。

複合パネル（工場で外壁をつくっている）採用の**一条工務店**は、積和建設と同じように、基礎工事とそれ以降で現場監督が異なる体制をとっているようです。基礎工事は経験と知識が必要なためベテランを配置し、それ以降は工場生産部材の組立がメインのため、若手を起用しているように思います。かなりの部材を自社で製作し、現場で組み上げるだけにしている作り方は、ミスを少なくすると同時に効率化したい会社方針が見て取れます。

ユニット工法の**セキスイハイム**は「あくまでも工場生産が間違いない」という前提に立てば、一定以上の品質を確保するのは間違いありません。ただユニット工法に関しては、木造も鉄骨も「工場生産で安心している」という考え方が危険だと思います。「間違いがないはずだ！」ではなく、「間違いがあるはずだ！」という現場管理姿勢が最も重要なのですが、その意識を持つ土壌がないように感じます。

保証制度・アフター体制

保証とアフターに関しては、**P184の「保証・アフター体制」の表**をご覧いただきながらの説明になります。

まず、単純に各社の保証期間を比較してみます。

大手ハウスメーカーは「最長60年」というのが目立ちます。ただし、保証と言っても、何かあったら無償で直してくれるというものでもありません。ですから大原則として、生命保険や火災保険と同様に、「保証対象は何か？」「どうなったら保証してくれるのか？」は必ず契約前に確認することが重要です。特に、各社とも「免責事項（保証してくれない）」を細かく設定していますから、保証できない内容を理解しておくことは重要です。

良く誤解されている方で多いのは、長期保証＝メンテナンスフリーと誤解しているケースです。長期保証はあくまでも「メンテナンスプログラムに基づき、決められたメンテナンスを実施した場合は保証期間を延長していく仕組み」ですから、建てた後に全くお金がかからないということでは決してありません。

さらに言い換えると、**建てた後はそのハウスメーカーと一生添い遂げる保証契約を結ぶ**ということです。

各社の定期点検は現在、別表のようになっています。

共通して言えるのは、新築工事数が減少していく社会情勢の中、各社ともリフォーム事業に注力している（していく）のは間違いありません。ということは、定期点検時に、有料でのメンテナンス工事提案が結構出てくるのではないかな……という可能性も含んでいますね。「機能的には問題がないけれど、見た目が美しくないから外壁塗装をリフレッシュしませんか？」などの営業は、さらに活発化していくように個人的には思います。

評価基準は、これらの保証期間をベースに「構造種別」と「有事の際の対応力」で決定しています。

「構造種別」とは、木質系か鉄骨造かに大きく分かれますが、**どちらかと言えば鉄骨造のほうがメンテナンスは楽**でしょう。**木質系はどうしても構造材の木材腐朽やシロアリ対策などが必要**になってきます。また、湿度による乾燥収縮は鉄骨より木材のほうが大きく、材のよれやクラック（ひび割れ）など発生しやすい傾向が否めません。

外装仕上げ材（外壁材など）なども鉄骨メーカーでは標準品が決まっているケースが多いので、ストックされていればすぐに対応可能ですが、設計自由度が比較的高い木質系では、材料を選べる代わりに個別対応が必要になるので、メンテナンスが難しいこともあります。

「有事の際の対応」とは、例えば**大地震や強力な台風が発生し、局所的な被災を受けた際にアフター対応が素早くできるかどうか**、です。これには、会社規模やアフター部門の人数に大きく関わってきます。

例えば阪神淡路大震災の時ですが、大手ハウスメーカーであれば全国の支店から点検やメンテが可能な人材を派遣し、多数同時に対応することができました。人間1人のマンパワーはたかが知れていますから、結局は数で勝負せざる得ない状況下では圧倒的に会社規模がモノを言うでしょう。

別の例では、木造で採用される屋根瓦なども職人の減少が近年目立ちます。こういった職人不足による有事対応の大幅な遅れの懸念があることも忘れないでください。令和1年に発生した台風で被災した千葉県では瓦職人が足りず、現在でも手つかずな住宅があるほどです。

これまでの内容を鑑みた上で、「保証・アフター体制」の評価を参考にしてください。★★★以上は基本的に心配が少ないと考えていいでしょう。あとは、その会社が倒産しないかどうか……ですが、それは誰もが知る由もありませんね。

大手ハウスメーカー13社の家づくりの重要なポイントを★で評価しました。

評価の基準や理由につきましては、本文に記しましたので、そちらを参照ください。

木造と鉄骨、両方を手掛けるメーカーで一定のシェアのあるものについては構造別に評価、最初の表に記した工法以外のものを、そのメーカーが手掛ける場合もありますが、ここではインスペクションや相談の多いものをピックアップしました。

なお、詳しいインスペクションができないため評価不能のものもあります。

各ハウスメーカーの工法

ハウスメーカー	工法
旭化成ホームズ（ヘーベルハウス）	鉄骨造
ダイワハウス	鉄骨造
パナソニックホームズ	鉄骨造
積水ハウス（2階）	鉄骨造
積水ハウス（3階）	鉄骨造
積水ハウス	木造軸組
セキスイハイム	鉄骨造・ユニット
セキスイハイム	ツーバイシックス・ユニット
トヨタホーム	鉄骨造・ユニット
住友林業	木造軸組
三井ホーム	ツーバイシックス（2×6）
住友不動産	ツーバイフォー（2×4）
三菱地所ホーム	ツーバイフォー（2×4）
一条工務店	ツーバイシックス（2×6）
スウェーデンハウス	木質パネル
ミサワホーム	木質パネル

ハウスメーカー実力評価一覧

網伏せ ＝木造、その他は鉄骨造

耐震性能				
★★★★★	★★★★	★★★	★★	評価不能
旭化成ホームズ	パナソニックホームズ	ダイワハウス	ミサワホーム	セキスイハイム
	積水ハウス（3階）	トヨタホーム		
	セキスイハイム	積水ハウス		
	積水ハウス（2階）	一条工務店		
	三井ホーム	住友不動産		
	住友林業	スウェーデンハウス		
		三菱地所ホーム		

網伏せ ＝木造、その他は鉄骨造

断熱性能				
★★★★★	★★★★	★★★	★★	★
三井ホーム	一条工務店	三菱地所ホーム	住友不動産	パナソニックホームズ
	住友林業		積水ハウス	セキスイハイム
	セキスイハイム		スウェーデンハウス	積水ハウス（2階）
			ミサワホーム	ダイワハウス
			旭化成ホームズ	トヨタホーム
			積水ハウス（3階）	

網伏せ ＝木造、その他は鉄骨造

設計自由度・インテリア提案				
★★★★★	★★★★	★★★	★★	★
住友林業	積水ハウス	住友不動産	スウェーデンハウス	旭化成ホームズ
	三井ホーム	三菱地所ホーム	一条工務店	セキスイハイム
	積水ハウス（3階）	ミサワホーム	パナソニックホームズ	トヨタホーム
		積水ハウス（2階）	ダイワハウス	

網伏せ ＝木造、その他は鉄骨造

施工力・管理体制				
★★★★★	★★★★	★★★	★★	★
旭化成ホームズ	積水ハウス（3階）	積水ハウス（2階）	ダイワハウス	トヨタホーム
セキスイハイム	積水ハウス	住友林業	パナソニックホームズ	
		三井ホーム	セキスイハイム	
		住友不動産	ミサワホーム	
			一条工務店	
			三菱地所ホーム	
			スウェーデンハウス	

ハウスメーカー実力評価一覧

保証・アフター体制

ハウスメーカー		保証期間（構造体）	有料メンテナンス（延長条件）
旭化成ホームズ	★★★★★	初期30年、最長60年	30年目以降、5年ごと
パナソニックホームズ	★★★★★	初期35年、最長60年	40年目以降、10年ごと ※建替え保証制度あり
積水ハウス	★★★★★	初期30年、永年保証	30年目以降、10年ごと
三井ホーム	★★★★	初期10年、最長60年	10年ごと
住友林業	★★★★	初期30年、最長60年	30年目以降、10年ごと
トヨタホーム	★★★★	初期30年、最長60年	10年ごと
ダイワハウス	★★★★	初期30年、最長60年	30年目以降、15年ごと
ミサワホーム	★★★	初期35年、永年保証	40年目以降、10年ごと
住友不動産	★★★	初期10年、最長30年	10年目に
セキスイハイム	★★★	最長30年	5年ごと ※グランツーユーVは対象外
一条工務店	★★★	初期10年、最長30年	10年目、15年目、20年目
三菱地所ホーム	★★	初期10年、最長50年	10年ごと
スウェーデンハウス（SWH）	★★	初期10年、最長20年	10年目に

注：詳しくは、各社のHPをご確認ください。エリアや建物用途によって期間が変わる場合があります。
保証内容や免責、エリアに拠ってのメンテナンス対応などは加味していません。

袋とじ!

大手ハウスメーカー13社

実力本音評価!!

積水ハウス
ダイワハウス
旭化成ホームズ（ヘーベルハウス）
パナソニックホームズ
三井ホーム
一条工務店
住友不動産
三菱地所ホーム
住友林業
スウェーデンハウス
ミサワホーム
セキスイハイム
トヨタホーム